PONS

DIE 1.000 WICHTIGSTEN WÖRTER

ENGLISCH
GRUNDWORTSCHATZ

PONS GmbH
Stuttgart

VORWORT

Wussten Sie, dass 1.000 Wörter reichen, um die Sprache zu verstehen und einfache Gespräche zu führen?

Sprachwissenschaftler haben herausgefunden, dass Sie mit den 1.000 wichtigsten Wörtern bereits 80 % der Alltagssprache beherrschen.

In diesem Buch haben wir für Sie die 1.000 gebräuchlichsten englischen Wörter zusammengestellt. Dies sind die Wörter, die Sie wirklich brauchen, um sich in Alltagssituationen in der Fremdsprache verständigen zu können.

Wo auch immer Sie sind – ob im Flugzeug, im Hyde Park, in der Schule oder zu Hause auf dem Sofa – PONS „Die 1.000 wichtigsten Wörter" ist Ihr idealer Begleiter.

Beispielsätze zeigen Ihnen, wie Sie jedes Wort im Zusammenhang richtig anwenden. Formulierungen für erste Begegnungen finden Sie mit Hilfe dieses Buches ebenso schnell wie jedes englische Stichwort mit Hilfe des Glossars hinten im Buch. Die Wörter sind nach Themenbereichen geordnet – so tauchen Sie noch schneller in die Sprache ein.

Viel Erfolg und grenzenlose Unterhaltung im Englischen wünscht Ihnen

Ihre
PONS-Redaktion

LERNTIPPS

Mit den folgenden 25 Lerntipps lernen Sie schnell und effizient Englisch.

ALLGEMEIN

1. Vokabeln lernen

Lernen Sie in kleinen Portionen: Prägen Sie sich zunächst nur 4 oder 5 Wörter und Beispielsätze ein, die Ihnen wichtig oder schön erscheinen. Wenn Sie diese beherrschen, lernen Sie die nächsten 4 oder 5 Wörter.

2. Lieber täglich ein bisschen als gelegentlich viel

Wenn Sie täglich 15 Minuten intensiv üben, dann wird es mit der Zeit zur Gewohnheit und Sie üben automatisch immer wieder. Und ganz nebenbei trainieren Sie so auch Ihre Konzentrationsfähigkeit.

3. Eine Auswahl treffen

Wählen Sie vor allem die Wörter aus, die für Sie persönlich wichtig sind, z. B. die Freizeitbeschäftigungen, denen Sie besonders gerne nachgehen. Lernen Sie diese Vokabeln mit den dazugehörigen Beispielsätzen. So können Sie die alltägliche Kommunikation meistern.

4. Lernen Sie schwierige Vokabeln in ganzen Sätzen

Lernen Sie die Vokabeln immer mit den dazugehörigen Beispielsätzen statt völlig isoliert. Auf diese Weise können Sie sie im Kontext benutzen und einfacher verknüpfen.

5. Farblich markieren

Das farbliche Hervorheben von Textstellen oder Wörtern kann beim Erlernen einer Fremdsprache sehr hilfreich sein, da es ermöglicht verschiedene Aspekte der Sprache gezielt zu üben.

6. Wortfamilien lernen

Beim Lernen von Vokabeln ist es hilfreich, Wörter einer Wortfamilie zu sammeln. Diese können Sie sich dann viel leichter merken. Versuchen Sie also immer wieder, sich von Adjektiven, Adverbien oder Verben die verwandten Substantive abzuleiten bzw. umgekehrt.

7. Memorieren
Es führt kein Weg daran vorbei, Wörter auswendig zu lernen. Daher ist es sinnvoll, dieses Buch überall hin mitzunehmen. So haben Sie die Möglichkeit, jederzeit nachzuschlagen und nebenher im Bus, in der Bahn, im Park oder zu Hause auf dem Sofa Vokabeln zu lernen.

8. Mit allen Sinnen lernen
Sprechen Sie beim Lernen so viele Sinne wie möglich an:
- Schreiben Sie die Vokabeln auf ein Blatt.
- Lesen Sie sich die Wörter und Beispielsätze laut vor und üben Sie so Ihre Aussprache.
- Gibt es zu den Vokabeln passende optische Eindrücke, Gerüche, Geschmäcke, Geräusche oder eine bestimmte Empfindung beim Berühren? Stellen Sie sich diese zusammen mit den Vokabeln vor.

9. Sich Ausdrücke bildlich vorstellen
Viele Leute prägen sich neue Wörter schneller und besser ein, wenn sie diese mit einem Bild verknüpfen. Probieren Sie aus, ob Ihnen diese Methode auch hilft!

10. Thematische Verbindung
Die Lernforschung hat gezeigt, dass das menschliche Gehirn sich thematisch miteinander verbundene Stichwörter besser merkt.

11. Den Wortschatz festigen
Für Lernende auf allen Niveaustufen ist es wichtig, den bereits gelernten Wortschatz regelmäßig zu wiederholen, um ihn dauerhaft zu festigen. Nehmen Sie sich 10 Minuten Zeit zum Wiederholen. Freuen Sie sich über die Vokabeln, die hängen geblieben sind!

AUSSPRACHE

12. Wörter aussprechen
Wenn Sie englische Wörter und Sätze lesen, sprechen Sie sie dabei aus – ein leises Murmeln genügt. So gewöhnen Sie sich daran, sich selbst Englisch sprechen zu hören – und wenn es wirklich darauf ankommt, fällt es Ihnen leichter.

13. Richtig betonen
Beim Lernen von Wörtern ist es wichtig, die richtige Betonung immer gleich mitzulernen. Sie finden sie in der Phonetikangabe direkt beim Stichwort. Um sich die Betonung besser einzuprägen, unterstreichen Sie die betonte Silbe zusätzlich im Buch. Sprechen Sie die Wörter laut nach und klopfen Sie bei der betonten Silbe auf den Tisch.

14. Sprechen Sie zu Ihrem Spiegelbild
Leider hat kaum jemand von uns ständig einen Muttersprachler zum Praktizieren der neuen Fremdsprache an seiner Seite. Deshalb: Sprechen Sie zu sich selbst, z. B. im Bad vor dem Spiegel. Indem Sie die Wörter laut aussprechen, bekommen Sie ein Gefühl für die Sprache und üben gleichzeitig das Bilden von Sätzen.

IM ALLTAG LERNEN

15. Kleine „Denkzettel"
Wie wäre es, wenn Sie Wörter aus dem täglichen Leben auf selbstklebende Zettel notieren und sie dann an den entsprechenden Gegenständen befestigen, wie z. B. an den Türen von jedem Zimmer oder an den Möbeln? So sehen und üben Sie die neuen Wörter immer wieder!

16. Englisch üben im Alltag
Üben Sie Ihr Englisch in vielen Bereichen des täglichen Lebens. Versuchen Sie mal, wenn Sie das nächste Mal Einkaufen gehen, Ihren Einkaufszettel auf Englisch zu schreiben. Sie werden sehen, wie viele Wörter Sie schon kennen!

17. Zahlen
Zahlen begegnen uns in vielen Alltagssituationen. Damit Sie sich z. B. Zahlen besser merken, zählen Sie die Stockwerke im Aufzug oder sagen Sie Ihre Telefonnummer auf.

18. Wochentage
Tragen Sie sich in Ihren Kalender die Wochentage auf Englisch ein! An welchen Wochentagen haben Sie Ihre Termine? Lassen Sie sich diese auf Englisch durch den Kopf gehen.

19. Stammbaum
Zeichnen Sie Ihren eigenen Stammbaum und schreiben Sie die Verwandtschaftsbezeichnungen auf Englisch zu den jeweiligen Familienmitgliedern.

20. Assoziationen
Assoziieren Sie Ihre Freunde mit deren Eigenschaften, Hobbys, Lieblingsfarben oder ihrem Herkunftsland. So lassen sich neue Wörter leicht merken!

21. Über den Beruf sprechen
Bereiten Sie sich auf eine entsprechende Gesprächssituation vor: Suchen Sie, wenn nötig, im Wörterbuch die englische Übersetzung für Ihren Job. Notieren Sie sich hilfreiche Wendungen, z. B.: Where do you work? – I work ...

22. Neue Vokabeln erschließen
In vielen Situationen werden Sie auf Wörter treffen, die Ihnen nicht bekannt sind. Versuchen Sie mit Hilfe des schon bekannten Wortschatzes und visueller Information die Bedeutung des Textes zu erschließen. Es ist viel leichter, als Sie denken!

23. Häufige Sätze und Fragen
Die Sätze und Fragen, die Sie gelernt haben, werden sehr häufig gebraucht. Daher ist es sinnvoll, wenn Sie versuchen, ein paar davon auswendig zu lernen. Schreiben Sie einige dieser Sätze heraus und hängen Sie sie z. B. an den Spiegel, die Kühlschranktür oder einen anderen Ort, wo Sie sie häufig sehen.

24. Sich neue Wörter einprägen
Schreiben Sie unbekannte Wörter auf kleine Karteikarten. Das englische Wort können Sie auf die eine Seite schreiben, die deutsche Übersetzung auf die andere. Wenn Sie sich die Wörter eingeprägt haben, legen Sie die Karteikarten zunächst zur Seite. Zur Kontrolle schauen Sie sich die Kärtchen eine Woche später wieder an, um zu sehen, welche Vokabeln Sie sich gemerkt haben.

25. Gemeinsam lernt es sich besser!
Finden Sie einen Freund oder Mitschüler, der ebenfalls Englisch lernen möchte. Fragen Sie sich gegenseitig ab und üben Sie gemeinsam. Loben Sie sich gegenseitig für Ihre Fortschritte und feiern Sie Ihre Erfolge!

AUSSPRACHE

[ˈ]	vor einer Silbe bedeutet, dass die nachfolgende Silbe betont ist. Bei einer Hauptbetonung steht das Zeichen oben vor der Silbe, bei einer Nebenbetonung unten; z. B. [ˈtelɪævɪʒn].
[ː]	bedeutet, dass der vorhergehende Vokal lang gesprochen wird.
[‿]	zwischen zwei Wörtern bedeutet, dass man den letzten Buchstaben des ersten Wortes zum nächsten Wort hinüberzieht: this is [ðɪs ‿ ɪz].

[ɪ]	wie L**i**ste	**film** [fɪlm]
[e]	wie B**ä**cker	**well** [wel]
[ʌ]	kurzes a, wie in St**a**dt	**but** [bʌt], **London** [ˈlʌndən]
[ʊ]	wie R**u**ck	**look** [lʊk]
[uː]	langes u wie P**u**ma	**room** [ruːm]
[iː]	langes i wie W**ie**n	**bean** [biːn]
[ɑː]	langes a, etwa wie in B**a**hn	**plant** [plɑːnt]
[aɪ]	wie M**ai**, d**ei**n	**nice** [naɪs]
[æ]	ganz offener ä-Laut, etwa zwischen B**ä**cker und b**a**cken	**happy** [ˈhæpɪ], **ham** [hæm]
[eɪ]	nicht wie kl**ei**n, sondern e-i, d. h. von [e] zu [ɪ] gleiten	**station** [ˈsteɪʃn], **way** [weɪ]
[eə]	ä-Laut wie in B**ä**r, dann zu [ə] gleiten	**there** [ðeə]
[ə]	kurzes, schwaches, nur angedeutetes e, etwa wie in bitt**e**, dank**e**	**sudden** [ˈsʌdən]
[ɜː]	ähnlich wie das ö in M**ö**rder, Lippen nicht runden	**German** [ˈdʒɜːmən], **bird** [bɜːd]
[ɪə]	auf das [ɪ] gleich ein kurzes [ə] folgen lassen, ähnlich wie in h**ie**r	**here** [hɪə], **near** [nɪə]
[ʊə]	auf das [ʊ] gleich ein kurzes [ə] folgen lassen	**poor** [pʊə], **sure** [ʃʊə]

[ɒ]	kurzes offenes o, etwa wie in **o**ffen, K**o**pf	**John** [dʒɒn], **not** [nɒt]
[ɔː]	langes offenes o, etwa wie in H**o**rn	**hall** [hɔːl], **all** [ɔːl]
[ɔɪ]	offenes kurzes o, dann zu i gleiten, wie in h**eu**te	**boy** [bɔɪ], **oil** [ɔɪl]
[əʊ]	auf das [ə] sofort ein u folgen lassen: ə-ʊ	**hello** [həˈləʊ]
[aʊ]	wie in M**au**s	**now** [naʊ]
[ŋ]	wie in la**ng**, kra**nk**	**England** [ˈɪŋglənd]
[r]	Zunge an den Gaumen heben und leicht zurückbiegen	**Robert** [ˈrɒbət] **from** [frɒm]
[ʳ]	unausgesprochenes r, wie in da**r**stellen	**bitter** [ˈbɪtəʳ]
[s]	wie in rei**ß**en, la**ss**en	**salad** [ˈsæləd], **sir** [sɜː]
[z]	wie in le**s**en, rei**s**en	**is** [ɪz], **houses** [ˈhaʊzɪz]
[θ]	[s] gesprochen mit der Zungenspitze zwischen den Zähnen	**thank you** [ˈθæŋkjʊ]
[ð]	[z] gesprochen mit der Zungenspitze zwischen den Zähnen	**this** [ðɪs], **there** [ðeə]
[ʃ]	wie in Ti**sch**	**ship** [ʃɪp], **she** [ʃiː]
[tʃ]	t mit nachfolgendem [ʃ]	**cheese** [tʃiːz]
[ʒ]	wie in Gara**g**e, Lo**g**e	**television** [ˈtelɪævɪʒn]
[dʒ]	d und gleich anschließender [ʒ] wie in In**ge**nieur	**John** [dʒɒn], **German** [ˈdʒɜːmən]
[v]	wie in **W**ein, **W**asser, **V**ioline	**very** [ˈverɪ]
[w]	nicht wie dt. w, sondern mit vorgestülpten Lippen ein kurzes u bilden, dann schnell zum nachfolgenden Laut übergehen	**way** [weɪ], **water** [ˈwɔːtə]

Beachten Sie: Ein d am Wortende darf nicht wie ein t ausgesprochen werden, sondern muss deutlich als d hörbar sein: **cold** [kəʊld]. Ebenso darf ein g am Wortende nicht wie ein k ausgesprochen werden, sondern muss deutlich als g hörbar sein: **egg** [eg]

ICH HEISSE ...

MEINE FAMILIE

MEINE LIEBEN FREUNDE

HÖFLICHES BENEHMEN

FREUNDE EINLADEN
UND SICH VERABREDEN

HALLO UND
AUF WIEDERSEHEN

ZWISCHENMENSCHLICHES

MITEINANDER REDEN

ICH HEISSE ...

name [neɪm]
der **Name**
→ My name is George; what's your name? – *Ich heiße George; wie heißt du / wie ist Ihr Name?*

call [kɔːl]
nennen
→ My name is John but everyone calls me Jack. – *Ich heiße John, aber alle nennen mich Jack.*

know [nəʊ]
kennen(lernen); wissen
→ We got to know each other through friends. – *Wir haben uns über Freunde kennengelernt.*

birthday [ˈbɜːθdeɪ]
der **Geburtstag**
→ My birthday is on the fourth of May. – *Ich habe am 4. Mai Geburtstag.*

language [ˈlæŋgwɪdʒ]
die **Sprache**
→ What languages do you speak? – *Welche Sprachen sprichst du / sprechen Sie?*

age [eɪdʒ]
das **Alter**
→ I started learning French at the age of seven. – *Im Alter von sieben begann ich Französisch zu lernen.*

old [əʊld]
alt
→ My grandparents are quite old. – *Meine Großeltern sind schon ganz schön alt.*

young [jʌŋ]
jung
→ I am the youngest in my family. – *Ich bin der / die Jüngste in meiner Familie.*

address [əˈdres]
die **Adresse**
→ Here's my address. – *Hier ist meine Adresse.*

number [ˈnʌmbəʳ]
die **Nummer**; die **Zahl**
→ Can you give me your number, please? – *Gibst du mir bitte deine Nummer?*

MEINE FAMILIE

family ['fæməli]
die **Familie**
→ We didn't have a family holiday this year. – *Wir haben dieses Jahr keinen Familienurlaub gehabt.*

parents ['peərənts]
die **Eltern**
→ My parents are coming to visit. – *Meine Eltern kommen zu Besuch.*

mother ['mʌðəʳ]
die **Mutter**
→ My mother works in a travel agency. – *Meine Mutter arbeitet in einem Reisebüro.*

mummy ['mʌmi]
die **Mami**
→ Mummy, can I have a hot chocolate please? – *Mami, kann ich bitte eine heiße Schokolade haben?*

father ['fɑːðəʳ]
der **Vater**
→ My father was a teacher. – *Mein Vater war Lehrer.*

daddy ['dædi]
der **Papa**
→ My daddy is coming over for Christmas. – *Mein Papa kommt Weihnachten zu Besuch.*

brother ['brʌðəʳ]
der **Bruder**
→ Tom is Jane's brother. – *Tom ist Janes Bruder.*

sister ['sɪstəʳ]
die **Schwester**
→ His sister, Helen, is a good friend of mine. – *Seine Schwester, Helen, ist eine gute Freundin von mir.*

son [sʌn]
der **Sohn**
→ My son is studying languages in Bristol. – *Mein Sohn studiert Sprachen in Bristol.*

daughter ['dɔːtəʳ]
die **Tochter**
→ He has a six-year-old daughter. – *Er hat eine sechsjährige Tochter.*

wedding ['wedɪŋ]
die **Hochzeit**
→ Kevin and Paula's wedding is next Saturday. – *Kevin und Paulas Hochzeit ist nächsten Samstag.*

married ['mærid]
verheiratet
→ Are you married? – *Bist du / Sind Sie verheiratet?*

husband [ˈhʌzbən(d)]
der **Ehemann**
→ My husband and I both enjoy skiing. – *Mein Mann und ich fahren beide gerne Ski.*

wife [waɪf]
die **Ehefrau**
→ Tom and his wife Linda are coming tonight. – *Tom und seine Frau Linda kommen heute Abend.*

child [tʃaɪld]
das **Kind**
→ Do you have children? – *Haben Sie Kinder?*

divorced [dɪˈvɔːst]
geschieden
→ My parents are divorced. – *Meine Eltern sind geschieden.*

care [keəʳ]
sich kümmern; die **Sorge**
→ She quit her job to care for her granny. – *Sie hat gekündigt, um ihre Oma zu pflegen.*

grandparents
Großeltern
→ My grandparents died a long time ago. – *Meine Großeltern sind vor langer Zeit gestorben.*

grandpa, granddad
der **Opa**
→ Are grandma and granddad coming for lunch? – *Kommen Oma und Opa zum Mittagessen?*

grandma, granny
die **Oma**
→ You are going to your granny's house tomorrow. – *Du gehst morgen zu deiner Oma.*

grandson
der **Enkel**
→ I have a 3-year-old grandson. – *Ich habe einen dreijährigen Enkel.*

granddaughter
die **Enkelin**
→ His granddaughter is now head of the company. – *Seine Enkelin ist jetzt das Firmenoberhaupt.*

uncle [ˈʌŋkl]
der **Onkel**
→ My uncle from Australia is coming to visit. – *Mein Onkel aus Australien kommt zu Besuch.*

aunt [ɑːnt]
die **Tante**
→ My aunt is coming to visit tomorrow. – *Meine Tante kommt morgen zu Besuch.*

MEINE LIEBEN FREUNDE

friend [frend]
der **Freund,** die **Freundin**
→ I met an old friend at the pub last night. – *Ich habe gestern Abend in der Kneipe eine alte Freundin / einen alten Freund getroffen.*

boyfriend
der **Freund**
→ She split up with her boyfriend. – *Sie hat sich von ihrem Freund getrennt.*

girlfriend
die **Freundin**
→ This is my girlfriend Jane. – *Das ist meine Freundin Jane.*

couple [ˈkʌpl̩]
das **Paar**
→ They are such a nice couple. – *Sie sind so ein nettes Paar.*

single [ˈsɪŋgl̩]
alleinstehend, ledig
→ Is he still single? – *Ist er noch immer ledig?*

guy [gaɪ]
der **Kerl**
→ He's a nice guy. – *Er ist ein netter Kerl.*

group [gru:p]
die **Gruppe**
→ I'm meeting a group of friends for dinner. – *Ich treffe mich mit ein paar Freunden zum Essen.*

both [bəʊθ]
beide; sowohl ... als auch ...
→ I can't decide, I like both Tom and Alex! – *Ich kann mich nicht entscheiden, ich mag sowohl Tom als auch Alex!*

partner [ˈpɑ:tnəʳ]
der **Partner,** die **Partnerin**
→ This is John and his partner Doris. – *Das ist John und seine Partnerin Doris.*

sympathy ≠ Sympathie

Sie haben eine Sympathie für ihre Nachbarin entwickelt. Sagen Sie bloß nicht **I have great sympathy for you,** denn damit sagen Sie ihr, dass diese Ihnen sehr leid tut. Die Sympathie ist mit **affection** oder **fondness** zu übersetzen.

How nice!
Wie schön!

That's wonderful!
Das ist wunderbar!

You look wonderful!
Du siehst wundervoll aus!

That's very kind of you!
Das ist sehr nett von dir!

gentleman [ˈdʒentḷmən]
der **Herr,** der **Gentleman**
→ He's such a gentleman. – *Er ist so ein zuvorkommender Mann.*

lady [ˈleɪdi]
die **Dame**
→ She's a very attractive lady. – *Sie ist eine sehr attraktive Frau.*

Mr [ˈmɪstəʳ]
Herr (Anrede)
→ Mr. Maclaine would like to speak to you. – *Herr Maclaine möchte Sie gerne sprechen.*

Mrs [ˈmɪsɪz]
Frau (Anrede)
→ My new teacher is called Mrs. Bradshaw. – *Meine neue Lehrerin heißt Frau Bradshaw.*

Miss [mɪs]
Anrede für (sehr) junge, unverheiratete Frau
→ May I introduce Dr Robertson and his granddaughter Miss Emily James. – *Darf ich vorstellen: Dr. Robertson und seine Enkelin Fräulein Emily James.*

Ms [məz]
Anrede für eine Frau, verheiratet oder nicht, wenn der Familienstand keine Rolle spielt
→ I have an appointment with Ms Marshall. – *Ich habe einen Termin bei Frau Marshall.*

ordinary ≠ ordinär

He's so ordinary will nur sagen, dass jemand gewöhnlich oder normal ist. Wenn Ihr Gegenüber wie ein Kutscher flucht oder herumpöbelt, ist er **vulgar** oder **rude**.

HÖFLICHES BENEHMEN

apologize [əˈpɒlədʒaɪz]
sich entschuldigen
→ I do apologize for being late, but there was a huge traffic jam. – *Tut mir leid, dass ich verspätet bin, aber es gab einen großen Stau.*

ask for
bitten um
→ I have to ask for more money. – *Ich muss um mehr Geld bitten.*

excuse [ɪkˈskju:z]
sich entschuldigen
→ Please excuse me. – *Bitte entschuldigen Sie mich.*

pretty [ˈprɪti]
hübsch
→ That's a very pretty dress. – *Das ist ein sehr hübsches Kleid.*

regret [rɪˈgret]
bedauern
→ I don't regret this decision one bit. – *Ich bedaure diese Entscheidung nicht im Geringsten.*

sorry [ˈsɒri]
traurig; bedauernd
→ I'm sorry. – *Das tut mir leid.*

terrific [təˈrɪfɪk]
toll
→ She's having a baby. – *Oh that's terrific news!* – *Sie bekommt ein Baby. – Oh das sind ja tolle Nachrichten!*

thank [θæŋk]
sich bedanken
→ Thank you very much! – *Vielen Dank! / Dankeschön!*

thanks [θæŋks]
der **Dank**
→ How are you? – *Fine, thanks.* – *Wie geht's dir? – Gut, danke!*

gift ≠ Gift

Wenn man seiner Gastgeberin ein **gift** verspricht ist das keine Morddrohung. Der Gast will sich vielmehr mit einem Geschenk bedanken. Das Gift wird mit **poison** übersetzt.

FREUNDE EINLADEN UND SICH VERABREDEN

convenient [kən'vi:niənt]
günstig
→ Is Saturday convenient for you? – *Passt es Ihnen am Samstag?*

guest [gest]
der **Gast**
→ Please offer our guests some more wine. – *Biete unseren Gästen doch bitte noch etwas Wein an.*

invitation [ˌɪnvɪ'teɪʃən]
die **Einladung**
→ We have sent out our wedding invitations. – *Wir haben unsere Hochzeitseinladungen verschickt.*

invite [ɪn'vaɪt]
einladen
→ The Jones' have invited us round for dinner. – *Die Jones haben uns zu sich zum Essen eingeladen.*

meet [mi:t]
treffen; kennenlernen
→ Shall we meet there in half an hour? – *Sollen wir uns dort in einer halben Stunde treffen?*

meeting place
der **Treffpunkt**
→ Somewhere in the centre of town would be a good meeting place. – *Irgendwo in der Stadtmitte wäre ein guter Treffpunkt.*

offer ['ɒfəʳ]
anbieten
→ Can I offer you a cup of tea or coffee? – *Darf ich Ihnen eine Tasse Tee oder Kaffee anbieten?*

visit ['vɪzɪt]
besuchen; der **Besuch**
→ You should come and visit us sometime. – *Ihr solltet uns mal besuchen kommen.*

visitor ['vɪzɪtəʳ]
der **Besucher,** die **Besucherin**
→ We have a visitor. – *Wir haben Besuch.*

HALLO UND AUF WIEDERSEHEN

hello [hel'əʊ]
hallo
→ Hello, how are you today? – *Hallo, wie geht's Ihnen heute?*

goodbye
der **Abschied; auf Wiedersehen**
→ I guess it's time to say goodbye. – *Ich denke, es ist Zeit, sich zu verabschieden.*

bye [baɪ]
tschüss
→ Bye-bye, see you next week! – *Tschüss, bis nächste Woche!*

chance [tʃɑːn(t)s]
der **Zufall**
→ We met by chance. – *Wir haben uns zufällig kennengelernt.*

greet [griːt]
grüßen
→ The porter always greets me. – *Der Portier grüßt mich immer.*

greeting [griːtɪŋ]
der **Gruß**
→ Warm greetings to you all. – *Herzliche Grüße an euch alle.*

hug [hʌg]
die **Umarmung; umarmen**
→ Lucy wished Jane good luck and gave her a hug. – *Lucy wünschte Jane viel Glück und umarmte sie.*

kiss [kɪs]
küssen; der **Kuss**
→ He gave her a kiss on the cheek. – *Er gab ihr einen Kuss auf die Wange.*

See you soon!
Bis bald!

See you later!
Bis später!

See you tomorrow!
Bis morgen!

Take care!
Mach's gut!

Good morning!
Guten Morgen!

Good night!
Gute Nacht!

Cheerio! [ˌtʃɪərɪ'əʊ]
Tschüss!

Have a good journey.
Gute Reise!

ZWISCHENMENSCHLICHES

advice [əd'vaɪs]
der **Rat**
→ I asked John for his advice. – *Ich habe John um seinen Rat gebeten.*

all right
in Ordnung
→ Oh I'm sorry! – it's all right, it was my fault. – *Oh das tut mir leid! – schon gut, es war meine Schuld.*

allow [ə'laʊ]
erlauben, lassen
→ Her mother doesn't allow her to go out after 10 p.m. – *Ihre Mutter erlaubt ihr nicht nach 22 Uhr auszugehen.*

behave [bɪ'heɪv]
verhalten; sich benehmen
→ Children, you must behave yourselves. – *Kinder, ihr müsst euch benehmen!*

belong [bɪ'lɒŋ]
gehören
→ This belongs to me. – *Das gehört mir.*

borrow ['bɒrəʊ]
(aus)leihen
→ Could I borrow some money for lunch? – *Könnte ich mir fürs Mittagessen etwas Geld leihen?*

dear [dɪə^r]
liebe(r, s)
→ Dear John, how are you? – *Lieber John, wie geht es dir?*

difficult ['dɪfɪkəlt]
schwierig
→ It's going to be difficult trying to persuade her. – *Es wird schwierig sein, sie zu überreden.*

chef ≠ Chef

Wenn Ihr Vorgesetzter nicht unbedingt ein Koch ist (im Englischen: **chef**), dann nennen Sie ihn bitte **boss**.

disturb [dɪˈstɜːb]
stören
→ I was disturbed by the loud music last night. – *Die laute Musik hat mich heute Nacht gestört.*

easy [ˈiːzi]
leicht
→ It won't be easy for her. – *Es wird nicht leicht für sie.*

expect [ɪkˈspekt]
erwarten
→ I didn't expect you back until tomorrow. – *Ich habe dich erst für morgen wieder erwartet.*

forbid [fəˈbɪd]
verbieten
→ I forbid you to go there. – *Ich verbiete dir, dorthin zu gehen.*

idea [aɪˈdɪə]
die **Idee;** die **Ahnung**
→ You've got no idea, have you? – *Du hast keine Ahnung, oder?*

learn [lɜːn]
erfahren
→ I learned about the accident on the radio. – *Ich habe von dem Unfall im Radio erfahren.*

lie [laɪ]
lügen; die **Lüge**
→ He lied to me. – *Er hat mich angelogen.*

matter [ˈmætəʳ]
die **Sache**
→ What's the matter with Lucy? – *Was ist los mit Lucy?*

mean [miːn]
bedeuten
→ What do you mean? – *Was meinst du damit?*

necessary [ˈnesəsəri]
notwendig; nötig
→ Thank you, that won't be necessary. – *Danke, das ist nicht nötig.*

opinion [əˈpɪnjən]
die **Meinung**
→ In my opinion, children are watching too much television nowadays. – *Meiner Meinung nach, schauen Kinder heutzutage zu viel Fernsehen.*

please [pliːz]
gefallen; bitte
→ Could you shut the window, please? – *Würdest du bitte das Fenster schließen?*

popular [ˈpɒpjələʳ]
beliebt
→ Sally's a very popular member of the team. – *Sally ist ein sehr beliebtes Teammitglied.*

private [ˈpraɪvɪt]
privat
→ Private property – parking prohibited! – *Privatgrundstück – Parken verboten!*

problem [ˈprɒbləm]
das **Problem**
→ Is there a problem with your seat? – *Gibt es ein Problem mit Ihrem Sitz?*

promise [ˈprɒmɪs]
versprechen
→ Kelly promised to tidy up her room. – *Kelly hat versprochen, ihr Zimmer aufzuräumen.*

reason [ˈriːzən]
der **Grund**
→ What's the reason for your strange behaviour? – *Warum verhältst du dich so seltsam?*

stop [stɒp]
aufhören
→ Stop that! – *Hör auf damit!*

together [təˈgeðəʳ]
zusammen
→ We can go there together. – *Wir können zusammen dahin gehen.*

MITEINANDER REDEN

answer [ˈɑːnsəʳ]
antworten; die **Antwort**
→ Have you received an answer to your question? – *Haben Sie / Hast du schon eine Antwort auf Ihre / deine Frage bekommen?*

ask [ɑːsk]
fragen
→ Why don't you ask at the information desk? – *Frag doch am Informationsschalter nach.*

believe [bɪˈliːv]
glauben, meinen
→ I believe she's coming tomorrow. – *Ich meine, sie kommt morgen.*

chat [tʃæt]
sich unterhalten; die **Unterhaltung**
→ We had a coffee and a chat. – *Wir haben Kaffee getrunken und uns unterhalten.*

conversation [ˌkɒnvəˈseɪʃən]
die **Unterhaltung**
→ It's difficult to have a conversation with this loud music. – *Es ist schwer, sich zu unterhalten bei dieser lauten Musik.*

explain [ɪkˈspleɪn]
erklären
→ Could you explain it to me again? – *Könnten Sie mir das noch mal erklären?*

interrupt [ˌɪntəˈrʌpt]
unterbrechen
→ I'm sorry to interrupt, but there's someone on the phone for you. – *Tut mir leid wenn ich Sie unterbreche, aber da ist jemand am Telefon für Sie.*

joke [ʤəʊk]
der **Witz**
→ His joke wasn't very funny. – *Sein Witz war nicht sehr lustig.*

listen [ˈlɪsən]
zuhören, hören
→ Listen to what I'm saying! – *Jetzt hör mir doch mal zu!*

no [nəʊ]
nein, kein
→ There were no flights available. – *Es gab keine Flüge mehr.*

Good.
Gut.

Right.
Richtig.

It's a deal!
Abgemacht!

Exactly!
Genau!

Really?
Wirklich?

No way!
Auf gar keinen Fall!

I see.
Ich verstehe.

Count me out!
Ohne mich!

I agree entirely.
Ganz Ihrer Meinung.

of course
selbstverständlich, natürlich
→ Can I borrow your bike? – Of course you can! – *Kann ich dein Fahrrad ausleihen? – Selbstverständlich!*

question [ˈkwestʃən]
die **Frage**
→ Could you repeat the question please? – *Könnten Sie die Frage bitte wiederholen?*

remind [rɪˈmaɪnd]
erinnern
→ Remind me to go to the bank. – *Erinnere mich daran, zur Bank zu gehen.*

repeat [rɪˈpiːt]
wiederholen
→ Could you repeat what you've just said. – *Könntest du noch einmal wiederholen, was du eben gesagt hast?*

say [seɪ]
sagen
→ What did he say to you? – He didn't say anything. – *Was hat er dir gesagt? – Er hat nichts gesagt.*

speak [spiːk]
sprechen
→ She speaks fluent French. – *Sie spricht fließend Französisch.*

suggestion [səˈdʒestʃən]
der **Vorschlag**
→ Can I make a suggestion please? – *Darf ich bitte einen Vorschlag machen?*

talk [tɔːk]
reden
→ Can you talk to her – *she won't listen to me.* – *Kannst du mit ihr reden – auf mich hört sie nicht.*

tell [tel]
sagen, erzählen
→ He told her to go to the doctor. – *Er sagte ihr, sie solle zum Arzt gehen.*

think [θɪŋk]
denken, meinen
→ What do you think? – *Was meinst du?*

understand [ˌʌndəˈstænd]
verstehen
→ I'm sorry, I didn't quite understand what you said. – *Tut mir leid, ich habe nicht ganz verstanden, was Sie gesagt haben.*

well [wel]
nun, also
→ Well, the thing is ... – *Also, es ist so ...*

word [wɜːd]
das **Wort**
→ What's the French word for "rain"? – *Wie heißt das Wort „Regen" auf Französisch?*

yes [jes]
ja
→ Have you got any small change? – Yes, I do. – *Hast du Kleingeld? – Ja.*

EIGENSCHAFTEN

GUTE CHARAKTER-EIGENSCHAFTEN

SCHLECHTE CHARAKTER-EIGENSCHAFTEN

SCHWARZ, WEISS UND BUNT

RUND UND ECKIG

EIGENSCHAFTEN

bad [bæd]
schlecht, schlimm
→ She had a bad accident when she was twelve. – *Mit zwölf Jahren hatte sie einen schlimmen Unfall.*

beautiful [ˈbjuːtɪfəl]
schön
→ The house is set in the beautiful Devon countryside. – *Das Haus steht mitten in der schönen Landschaft Devons.*

best [best]
beste(r, s); am besten
→ I like the yellow one best. – *Das Gelbe gefällt mir am besten.*

better [ˈbetəʳ]
besser
→ She's much better at tennis than I am. – *Sie spielt Tennis viel besser als ich.*

broad [brɔːd]
breit
→ He has very broad shoulders. – *Er hat sehr breite Schultern.*

dark [dɑːk]
dunkel
→ It's getting dark already. – *Es wird schon dunkel.*

different [ˈdɪfərənt]
anders, verschieden
→ She's very different from her sister. – *Sie ist ganz anders als ihre Schwester.*

fast [fɑːst]
schnell
→ How fast were you driving? – *Wie schnell bist du gefahren?*

fat [fæt]
dick; fett
→ The meat was very fat. – *Das Fleisch war sehr fett.*

finished [ˈfɪnɪʃt]
fertig
→ My painting is now finished. – *Mein Bild ist nun fertig.*

free [friː]
frei; kostenlos
→ Entry is free on Monday nights. – *Der Eintritt ist montagabends frei.*

good [gʊd]
gut
→ He's a good father. – *Er ist ein guter Vater.*

great [greɪt]
großartig; groß
→ Many thanks, you've been a great help. – *Vielen Dank, du warst mir eine große Hilfe.*

hard [hɑːd]
hart; schwer
→ It's hard for her to give up work. – *Es fällt ihr schwer, die Arbeit aufzugeben.*

heavy [ˈhevi]
schwer
→ My suitcase is very heavy. – *Mein Koffer ist sehr schwer.*

important [ɪmˈpɔːtənt]
wichtig
→ Her career is more important to her than holidays. – *Ihre Karriere ist ihr wichtiger als Urlaub.*

impossible [ɪmˈpɒsəbl̩]
unmöglich
→ It was almost impossible to have a conversation. – *Es war beinahe unmöglich, sich zu unterhalten.*

interesting [ˈɪntrəstɪŋ]
interessant
→ I saw an interesting programme on TV last night. – *Ich habe gestern Abend eine interessante Sendung im Fernsehen gesehen.*

large [lɑːʤ]
groß
→ I'd like a large portion of chips please. – *Ich hätte gerne eine große Portion Pommes frites.*

light [laɪt]
leicht, gering
→ Anna is so light – *she hardly weighs anything.* – *Anna ist so leicht – sie wiegt kaum was.*

mad [mæd]
verrückt
→ You'd be mad to pay that much for a pair of jeans. – *Da wäre man doch verrückt, soviel für eine Jeans zu zahlen.*

modern [ˈmɒdən]
modern
→ Modern appliances help to save electricity. – *Moderne Hausgeräte helfen dabei, Strom zu sparen.*

poor [pɔːʳ]
arm
→ The people in this region are very poor. – *Die Menschen in dieser Region sind sehr arm.*

possible [ˈpɒsəbl̩]
möglich
→ Is that possible at all? – *Ist das überhaupt möglich?*

pretty [ˈprɪti]
hübsch
→ That's a very pretty dress. – *Das ist ein sehr hübsches Kleid.*

quick [kwɪk]
schnell
→ We need a quick decision in this matter. – *Wir brauchen eine schnelle Entscheidung in dieser Sache.*

ready [ˈredi]
bereit, fertig
→ Lunch will be ready in half an hour. – *Das Mittagessen ist in einer halben Stunde fertig.*

real [rɪəl]
echt
→ Is that a real diamond? – *Ist das ein echter Diamant?*

safe [seɪf]
sicher
→ I keep the receipt in a safe place. – *Ich habe den Beleg sicher aufbewahrt.*

slim [slɪm]
schlank
→ These jeans only suit very slim women. – *Diese Jeans können nur sehr schlanke Frauen tragen.*

slow [sləʊ]
langsam
→ Traffic was very slow on the motorway. – *Der Verkehr auf der Autobahn war sehr stockend.*

soft [sɒft]
weich; sanft
→ Soft contact lenses are more comfortable than hard ones. – *Weiche Kontaktlinsen sind komfortabler als Harte.*

special [ˈspeʃəl]
besondere(r, s)
→ Are you doing anything special on your birthday? – *Machst du an deinem Geburtstag was Besonderes?*

strange [streɪndʒ]
fremd, seltsam
→ It was a strange feeling, coming back to this town. – *Es war ein seltsames Gefühl, in diese Stadt zurückzukehren.*

strong [strɒŋ]
kräftig, stark
→ I need two strong men to help me move this sofa. – *Ich brauche zwei starke Männer, die mir helfen dieses Sofa zu verschieben.*

sure [ʃʊəʳ]
sicher, natürlich
→ Are you sure? – *Bist du dir sicher?*

tired [ˈtaɪəd]
müde
→ You look tired this morning. – *Du siehst heute Morgen müde aus.*

true [truː]
wahr
→ Is it true that you were stopped by the police last night? – *Stimmt es, dass die Polizei dich gestern Abend angehalten hat?*

ugly [ˈʌgli]
hässlich
→ Cinderella had two ugly sisters. – *Aschenputtel hatte zwei hässliche Schwestern.*

wide [waɪd]
weit; breit
→ The door was wide open. – *Die Tür stand weit offen.*

GUTE CHARAKTEREIGENSCHAFTEN

able [ˈeɪbl̩]
in der Lage, fähig
→ I'm not able to come. – *Ich kann nicht kommen.*

careful [ˈkeəfəl]
sorgfältig, vorsichtig
→ You have to be very careful with this machine. – *Man muss mit diesem Gerät sehr vorsichtig umgehen.*

clever [ˈklevəʳ]
schlau, klug
→ It wasn't very clever leaving the key in the door. – *Es war nicht sehr schlau, den Schlüssel in der Tür stecken zu lassen.*

curious [ˈkjʊəriəs]
neugierig
→ He was curious about how they met. – *Er wollte zu gerne wissen, wie sie sich kennengelernt haben.*

funny ['fʌni]
komisch, lustig
→ Paul's very funny, he always makes me laugh. – *Paul ist sehr lustig, er bringt mich immer zum Lachen.*

intelligent [ɪn'telɪʤənt]
intelligent
→ That's a very intelligent solution. – *Das ist eine sehr intelligente Lösung.*

kind [kaɪnd]
freundlich
→ Thank you, that's very kind of you. – *Danke, das ist sehr freundlich von Ihnen.*

nice [naɪs]
nett; sympathisch
→ Yes, he's a really nice guy. – *Ja, er ist ein echt sympathischer Kerl.*

polite [pə'laɪt]
höflich
→ He made some polite conversation while they waited. – *Er machte höfliche Konversation während sie warteten.*

proud [praʊd]
stolz
→ He's very proud of his son. – *Er ist sehr stolz auf seinen Sohn.*

reasonable ['ri:zənəbl̩]
vernünftig
→ Be reasonable! – *Sei doch vernünftig!*

serious ['sɪəriəs]
ernst; schwer
→ Don't laugh, I'm being serious. – *Lach nicht, ich meine es ernst.*

useful ['ju:sfəl]
nützlich
→ This tool is very useful. – *Dieses Werkzeug ist sehr nützlich.*

wise [waɪz]
klug
→ That's a very wise decision. – *Das ist eine sehr kluge Entscheidung.*

SCHLECHTE CHARAKTER-EIGENSCHAFTEN

crazy ['kreɪzi]
verrückt
→ It's crazy to drink and drive. – *Es ist verrückt unter Alkoholeinfluss zu fahren.*

lazy ['leɪzi]
faul
→ I was too lazy to walk so I took the car. – *Ich war zu faul zum Laufen, also nahm ich das Auto.*

rude [ru:d]
unhöflich, ungezogen
→ The hotel manager was very rude to us. – *Der Hotelmanager war sehr unhöflich zu uns.*

silly ['sɪli]
blöd
→ Don't be silly! – *Mach keinen Unsinn!*

stupid ['stju:pɪd]
dumm; doof
→ That was a stupid idea. – *Das war eine dumme Idee.*

unable [ʌn'eɪbl̩]
nicht in der Lage, unfähig
→ I'm afraid we're unable to come to the wedding. – *Leider können wir nicht zur Hochzeit kommen.*

worse [wɜ:s]
schlechter, schlimmer
→ The situation is worse now than it was before. – *Die Situation ist jetzt schlimmer als sie vorher war.*

worst [wɜ:st]
der/die/das schlechteste, am schlechtesten
→ It was the worst meal I've ever had. – *Es war das schlechteste Essen, das ich jemals gegessen habe.*

wrong [rɒŋ]
falsch
→ The receptionist gave me the wrong key. – *Die Empfangsdame hat mir den falschen Schlüssel gegeben.*

SCHWARZ, WEISS UND BUNT

colour ['kʌlə^r]
die Farbe
→ What's your favourite colour? – *Was ist deine Lieblingsfarbe?*

black [blæk]
schwarz
→ She wore an elegant black dress. – *Sie trug ein elegantes schwarzes Kleid.*

blue [bluː]
blau
→ I prefer blue jeans to black ones. – *Ich mag blaue Jeans lieber als schwarze.*

brown [braʊn]
braun
→ The brown shoes go better with those trousers. – *Die braunen Schuhe passen besser zu der Hose.*

dark blue
dunkelblau
→ I'm going to wear my dark blue jeans tonight. – *Ich werde heute Abend meine dunkelblaue Jeans tragen.*

green [griːn]
grün
→ We had a green school uniform. – *Wir hatten eine grüne Schuluniform.*

grey [greɪ]
grau
→ It's grey outside, it might start to rain. – *Draußen ist es grau, vielleicht fängt es an zu regnen.*

light [laɪt]
leicht; hell
→ She painted her walls in a light blue. – *Sie malte ihre Wände hellblau an.*

orange ['ɒrɪndʒ]
orange(farben)
→ Orange is my favourite colour. – *Orange ist meine Lieblingsfarbe.*

pink [pɪŋk]
rosa
→ He handed her a bouquet of pale pink roses. – *Er überreichte ihr einen Strauß blassrosa Rosen.*

purple ['pɜ:pl]
lila
→ He wore a purple jumper. – *Er trug einen lila Pullover.*

red [red]
rot
→ She drove through a red light. – *Sie ist über eine rote Ampel gefahren.*

white [waɪt]
weiß
→ Looks like we will have a white Christmas. – *Sieht aus, als ob wir weiße Weihnachten haben werden.*

yellow ['jeləʊ]
gelb
→ Mary wore a bright yellow raincoat. – *Mary trug einen knallgelben Regenmantel.*

RUND UND ECKIG

big [bɪg]
groß
→ He lives in a big house by the seaside. – *Er wohnt in einem großen Haus am Meer.*

deep [di:p]
tief
→ The pool is 3 metres deep at this end. – *An dieser Stelle ist das Becken 3 Meter tief.*

flat [flæt]
flach, eben
→ Let's sit down on the flat rocks. – *Komm, setzen wir uns auf die flachen Steine.*

high [haɪ]
hoch
→ He's been up the highest mountains. – *Er ist auf den höchsten Bergen gewesen.*

long [lɒŋ]
lang
→ His fingers are very long. – *Seine Finger sind sehr lang.*

low [ləʊ]
niedrig
→ It was a cosy pub with low ceilings. – *Es war eine gemütliche Kneipe mit niedrigen Decken.*

narrow [nærəʊ]
eng, schmal
→ A narrow path led between the fence and the barn. – *Ein schmaler Pfad verlief zwischen dem Zaun und der Scheune.*

round [raʊnd]
rund
→ A big round table stood in the kitchen. - *Ein großer runder Tisch stand in der Küche.*

short [ʃɔːt]
kurz
→ Your dog has very short legs. - *Ihr / Dein Hund hat sehr kurze Beine.*

small [smɔːl]
klein
→ They lived in a small village in the country. - *Sie lebten in einem kleinen Dorf auf dem Lande.*

square [skweəʳ]
quadratisch
→ Put it in the square box over there. - *Legen Sie es / Lege es in die quadratische Kiste dort drüben.*

straight [streɪt]
gerade
→ She had a small, straight nose. - *Sie hatte eine schmale, gerade Nase.*

tall [tɔːl]
groß
→ He's quite tall. - *Er ist recht groß.*

thick [θɪk]
dick
→ She wore a thick woolly jumper to keep warm. - *Sie trug einen dicken Wollpullover, um sich warm zu halten.*

thin [θɪn]
dünn
→ Sally's getting very thin. - *Sally ist sehr dünn geworden.*

ENTSPANNUNG UND SPASS

SPORT UND SPIEL

ENTSPANNUNG UND SPASS

book [bʊk]
das **Buch**
→ I haven't read a book in ages. – *Ich habe schon lange kein Buch mehr gelesen.*

cinema [ˈsɪnəmə]
das **Kino**
→ Let's go to the cinema. – *Lass uns ins Kino gehen.*

dance [dɑːn(t)s]
tanzen; der **Tanz**
→ We danced all night. – *Wir haben die ganze Nacht getanzt.*

draw [drɔː]
zeichnen
→ She drew a picture of a horse. – *Sie malte ein Bild von einem Pferd.*

free time [ˈfriːˈtaɪm]
die **Freizeit**
→ What do you do in your free time? – *Was machst du in deiner Freizeit?*

fun [fʌn]
der **Spaß**
→ Skating is great fun. – *Skaten macht viel Spaß.*

go out
ausgehen
→ I can't go out tonight, I've got to study. – *Ich kann heute Abend nicht ausgehen, ich muss lernen.*

hobby [ˈhɒbi]
das **Hobby**
→ Do you have any hobbies? – *Haben Sie / Hast du Hobbys?*

music [ˈmjuːzɪk]
die **Musik**
→ Turn down the music! – *Mach mal die Musik leiser!*

paint [peɪnt]
malen
→ It's not easy to paint the sea. – *Das Meer zu malen ist nicht einfach.*

play [pleɪ]
spielen
→ The children played outside in the garden. – *Die Kinder spielten draußen im Garten.*

read [riːd]
lesen
→ Have you read the instruction manual? – *Hast du die Bedienungsanleitung gelesen?*

rest [rest]
sich ausruhen
→ We'll rest for a little while when we get to the summit. – *Wir ruhen uns kurz aus, wenn wir oben ankommen.*

sing [sɪŋ]
singen
→ Children love to sing. – *Kinder singen gerne.*

take place
stattfinden
→ The festival takes place in June. – *Das Festival findet im Juni statt.*

ticket ['tɪkɪt]
das **Ticket**
→ I've booked the theatre tickets on the internet. – *Ich habe die Theaterkarten im Internet reserviert.*

theatre ['θɪətəʳ]
das **Theater**

ballet ['bæleɪ]
das **Ballett**

opera ['ɒpərə]
die **Oper**

concert ['kɒnsət]
das **Konzert**

box office
die **Kasse**

programme ['prəʊgræm]
das **Programm(heft)**

actor ['æktəʳ]
der **Schauspieler**

actress ['æktrəs]
die **Schauspielerin**

dancer ['dɑ:n(t)səʳ]
der **Tänzer**, die **Tänzerin**

orchestra ['ɔ:kɪstrə]
das **Orchester**

singer ['sɪŋəʳ]
der **Sänger**, die **Sängerin**

SPORT UND SPIEL

football ['fʊtbɔːl]
der **Fußball**
→ My boyfriend watches the football on TV every Saturday. – *Mein Freund schaut jeden Samstag Fußball im Fernsehen.*

game [geɪm]
das **Spiel**
→ The game ended two to one. – *Das Spiel ging zwei zu eins aus.*

goal [gəʊl]
das **Tor**
→ He scored a goal in the last minute. – *In der letzten Minute schoss er ein Tor.*

match [mætʃ]
das **Spiel**
→ Who won the match? – *Wer hat das Spiel gewonnen?*

player ['pleɪəʳ]
der **Spieler**
→ Each team has eleven players. – *Jedes Team hat elf Spieler.*

swim [swɪm]
schwimmen
→ Paul and Sadie have gone swimming. – *Paul und Sadie sind schwimmen gegangen.*

take part
teilnehmen
→ She took part in a cooking competition. – *Sie nahm an einem Kochwettbewerb teil.*

world championship
die **Weltmeisterschaft**
→ We can't go on holiday during the World Championship. – *Wir können doch während der Weltmeisterschaft nicht in Urlaub fahren.*

IN BEWEGUNG

DER MENSCH

IM BAD

DIE KÖRPERTEILE

DIE SINNE

GESUNDHEIT
UND KRANKHEIT

come in
hereinkommen
→ Do come in! – *Komm doch rein!*

footstep
der **Schritt**
→ She heard footsteps outside. – *Sie hörte draußen Schritte.*

go [gəʊ]
gehen
→ Shall we go to the cinema tonight? – *Sollen wir heute Abend ins Kino gehen?*

hurry [ˈhʌri]
sich beeilen
→ Hurry up or we'll be late. – *Beeile dich, sonst kommen wir zu spät.*

lie down
liegen, sich hinlegen
→ Why don't you lie down for a while. – *Leg dich doch eine Weile hin.*

move [mu:v]
(sich) bewegen
→ I could hardly move after my first exercise class. – *Ich konnte mich nach meiner ersten Turnstunde kaum mehr bewegen.*

run [rʌn]
laufen, rennen
→ He ran to the phone but it was too late. – *Er rannte zum Telefon aber es war zu spät.*

sit [sɪt]
sitzen, sich setzen
→ She sat by the window. – *Sie saß am Fenster.*

sit down
sich hinsetzen
→ Could everyone sit down please, dinner is ready. – *Könntet ihr euch alle bitte hinsetzen, das Essen ist fertig.*

stand [stænd]
stehen
→ She was standing by the door. – *Sie stand an der Tür.*

step [step]
der **Schritt**
→ He took a step towards her. – *Er ging einen Schritt auf sie zu.*

walk [wɔ:k]
(spazieren) gehen;
der **Spaziergang**
→ We had a nice walk through the park. – *Wir haben einen schönen Spaziergang durch den Park gemacht.*

DER MENSCH

adult [ˈædʌlt]
der **Erwachsene**, die **Erwachsene**
→ This film is for adults only. – *Dieser Film ist nur für Erwachsene.*

baby [ˈbeɪbi]
das **Baby**
→ She's having a baby. – *Sie bekommt ein Baby.*

boy [bɔɪ]
der **Junge**
→ When I was a little boy, I wanted to become a fireman. – *Als ich ein kleiner Junge war, wollte ich Feuerwehrmann werden.*

girl [gɜːl]
das **Mädchen**
→ He fell in love with the girl next door. – *Er verliebte sich in das Mädchen von nebenan.*

man [mæn]
der **Mann**
→ Grandad was a small man with a mischievous smile. – *Opa war ein kleiner Mann mit einem schelmischen Lächeln.*

woman [ˈwʊmən]
die **Frau**
→ A woman of her age shouldn't dress like that. – *Eine Frau ihres Alters sollte sich nicht so kleiden.*

person [ˈpɜːsən]
der **Mensch**; die **Person**
→ The cabin sleeps four persons. – *In der Kabine können vier Personen schlafen.*

personal [ˈpɜːsənəl]
persönlich
→ His personal problems should not affect his work. – *Seine persönlichen Probleme sollten nicht seine Arbeit beeinflussen.*

disabled [dɪˈseɪbl̩d]
behindert
→ There are facilities for disabled people. – *Es gibt behindertengerechte Einrichtungen.*

fall asleep
einschlafen
→ I fell asleep on the sofa. – *Ich bin auf dem Sofa eingeschlafen.*

life [laɪf]
das **Leben**
→ She lives an interesting life. – *Sie führt ein interessantes Leben.*

need [niːd]
brauchen
→ I need you. – *Ich brauche dich.*

own [əʊn]
eigen; besitzen
→ He's got his own private jet. – *Er hat sein eigenes Privatflugzeug.*

possess [pəˈzes]
besitzen
→ He didn't possess much, not even a bicycle. – *Er hat nicht viel besessen, nicht einmal ein Fahrrad.*

wheelchair
der **Rollstuhl**
→ There is a ramp for wheelchairs. – *Da ist eine Rampe für Rollstühle.*

IM BAD

bath [bɑːθ]
das **Bad;** die **Badewanne**
→ Someone forgot to clean the bath! – *Jemand hat vergessen, die Badewanne zu putzen!*

bathroom [ˈbɑːθruːm]
das **Badezimmer**
→ The house has two bathrooms. – *Das Haus hat zwei Badezimmer.*

clean [kliːn]
sauber
→ Are your hands clean? – *Sind deine Hände sauber?*

comb [kəʊm]
der **Kamm; kämmen**
→ She combed her hair. – *Sie kämmte sich die Haare.*

dirty [ˈdɜːti]
schmutzig
→ Go and wash your dirty hands! – *Geh und wasch dir deine schmutzigen Hände!*

dry [draɪ]
trocken; trocknen
→ Take a fresh towel to dry yourself with. – *Nimm ein frisches Handtuch, um dich abzutrocknen.*

get ready
sich fertig machen
→ How long do you need to get ready? – *Wie lange brauchst du, um dich fertig zu machen?*

mirror [mɪrəʳ]
die **Spiegel**
→ There are two mirrors in the bathroom. – *Im Badezimmer gibt es zwei Spiegel.*

shave [ʃeɪv]
rasieren; die **Rasur**
→ I need a shave. – *Ich muss mich rasieren.*

shower [ʃaʊəʳ]
die **Dusche; duschen**
→ Jim's having a quick shower before dinner. – *Jim duscht noch schnell vor dem Abendessen.*

soap [səʊp]
die **Seife**
→ We need new soap in the bathroom. – *Wir brauchen neue Seife im Badezimmer.*

tap [tæp]
der **Wasserhahn**
→ Somebody forgot to turn the tap off. – *Jemand hat vergessen, den Wasserhahn abzudrehen.*

toilet [ˈtɔɪlɪt]
die **Toilette**
→ If you want the toilet, it's the first door on the right. – *Wenn du auf die Toilette musst, es ist die erste Tür rechts.*

toothbrush
die **Zahnbürste**
→ Dentists now recommend electric toothbrushes. – *Zahnärzte empfehlen heute elektrische Zahnbürsten.*

toothpaste
die **Zahnpasta**
→ We've run out of toothpaste. – *Wir haben keine Zahnpasta mehr.*

towel [ˈtaʊəl]
das **Handtuch**
→ I would like a clean towel please. – *Ich hätte gerne ein sauberes Handtuch.*

wash [wɒʃ]
(sich) waschen
→ Tell the children to wash their hands before lunch. – *Sag den Kindern, dass sie sich die Hände vor dem Mittagessen waschen sollen.*

water [wɔːtəʳ]
das **Wasser**
→ There's no hot water. – *Es gibt kein warmes Wasser.*

wet [wet]
nass
→ The floor of the bathroom was all wet. – *Der Badezimmerboden war komplett nass.*

DIE KÖRPERTEILE

arm [ɑ:m]
der **Arm**
→ You can hold onto my arm. – *Du kannst dich an meinem Arm festhalten.*

back [bæk]
der **Rücken**
→ My back is always hurting. – *Ich habe immer Rückschmerzen.*

beard [bɪəd]
der **Bart**
→ He's growing a beard. – *Er lässt sich einen Bart wachsen.*

belly ['beli]
der **Bauch**
→ Peter slid down the snowy hill on his belly. – *Peter rutschte den schneeigen Hügel auf dem Bauch herunter.*

blood [blʌd]
das **Blut**
→ I donate blood regularly. – *Ich spende regelmäßig Blut.*

body ['bɒdi]
der **Körper**
→ She does a lot of exercise to keep her body fit. – *Sie macht viel Sport um ihren Körper fit zu halten.*

chest [tʃest]
die **Brust**, der **Brustkorb**
→ The doctor examined my chest. – Der Arzt hat meine Brust untersucht.

ear [ɪəʳ]
das **Ohr**
→ Jack punched me and now my ear is hurting. – *Jack hat mich geschlagen und jetzt tut mein Ohr weh.*

eye [aɪ]
das **Auge**
→ Her eyes were sparkling. – *Ihre Augen leuchteten.*

face [feɪs]
das **Gesicht**
→ I couldn't see his face. – *Ich konnte sein Gesicht nicht sehen.*

finger ['fɪŋgəʳ]
der **Finger**
→ He accidentally cut his finger. – *Er hat sich aus Versehen den Finger geschnitten.*

foot [fʊt]
der **Fuß**
→ I hurt my foot. – *Ich habe mir den Fuß wehgetan.*

hair [heəʳ]
das **Haar**
→ She's having her hair done for the wedding. – *Sie lässt sich für die Hochzeit die Haare machen.*

hand [hænd]
die **Hand**
→ She burnt her hand while she was cooking. – *Sie hat sich beim Kochen die Hand verbrannt.*

head [hed]
der **Kopf**
→ I bumped my head. – *Ich habe mir den Kopf gestoßen.*

knee [niː]
das **Knie**
→ My knee hurt after playing football. – *Mein Knie tat weh nach dem Fußballspielen.*

leg [leg]
das **Bein**
→ She crossed her legs. – *Sie schlug ihre Beine übereinander.*

mouth [maʊθ]
der **Mund**
→ The dentist asked her to open her mouth wide. – *Der Zahnarzt bat sie, den Mund weit aufzumachen.*

neck [nek]
der **Hals**
→ I've got a stiff neck. – *Ich habe einen steifen Hals.*

nose [nəʊz]
die **Nase**
→ I have to blow my nose. – *Ich muss mir die Nase putzen.*

shoulder [ˈʃəʊldəʳ]
die **Schulter**
→ He saw the doctor about the pain in his right shoulder. – *Er ging zum Arzt, weil ihm seine rechte Schulter weh tat.*

stomach [ˈstʌmək]
der **Bauch**
→ He has problems with his stomach. – *Er hat Probleme mit dem Magen.*

throat [θrəʊt]
der **Hals**
→ I've got such a sore throat I can hardly speak. – *Ich habe solche Halsschmerzen, dass ich kaum sprechen kann.*

toe [təʊ]
der **Zeh**
→ Bob dropped a hammer on his big toe. – *Bob ist ein Hammer auf seinen großen Zeh gefallen.*

tooth [tuːθ]
der **Zahn**
→ Don't forget to brush your teeth after breakfast. – *Vergiss nicht, nach dem Frühstück deine Zähne zu putzen.*

DIE SINNE

hear [hɪəʳ]
hören
→ Did you hear that noise? – *Hast du das Geräusch gehört?*

listen [ˈlɪsən]
zuhören, hören
→ I love listening to music. – *Ich höre gerne Musik.*

loud [laʊd]
laut
→ The music is too loud in here. – *Die Musik ist zu laut hier drin.*

quiet [kwaɪət]
leise, still
→ Be quiet please, I'm trying to listen. – *Sei bitte leise, ich versuche zuzuhören.*

see [siː]
sehen
→ I can't see very well without my glasses. – *Ich sehe nicht so gut ohne meine Brille.*

look [lʊk]
schauen
→ She looked through the window. – *Sie schaute durchs Fenster.*

smell [smel]
riechen; der **Geruch**
→ Oh, this smells good! – *Ah, riecht das gut!*

sound [saʊnd]
das **Geräusch; sich anhören**
→ What was that sound? – *Was war das für ein Geräusch?*

taste [teɪst]
schmecken; probieren
→ She tasted the soup and said that it tasted delicious. – *Sie probierte die Suppe und sagte, dass sie köstlich schmeckte.*

touch [tʌtʃ]
berühren, anfassen
→ Don't touch the plate – it's hot. – *Fass den Teller nicht an – er ist heiß!*

sleep [sliːp]
der **Schlaf; schlafen**
→ You look tired – why don't you go to sleep. – *Du siehst müde aus – geh doch schlafen.*

dream [driːm]
träumen; der **Traum**
→ Last night I dreamt I was a pilot. – *Letzte Nacht habe ich geträumt, ich wäre Pilot.*

noise [nɔɪz]
der **Lärm;** das **Geräusch**
→ There was too much noise in the hotel. – *Im Hotel war es zu laut.*

peace [piːs]
die **Ruhe**
→ Leave him in peace while he's working. – *Lass ihn in Ruhe, so lange er arbeitet.*

recognize [ˈrekəgnaɪz]
erkennen
→ He didn't recognize her at first. – *Er hat sie zunächst nicht erkannt.*

GESUNDHEIT UND KRANKHEIT

ache [eɪk]
der **Schmerz**
→ My 90-year-old granny has lots of aches and pains. – *Meine 90-jährige Oma hat viele Wehwehchen.*

allergic [əˈlɜːʤɪk]
allergisch
→ I'm allergic to nuts. – *Ich bin allergisch gegen Nüsse.*

burn [bɜːn]
brennen; verbrennen
→ I've burnt my finger. – *Ich habe mir den Finger verbrannt.*

cold [kəʊld]
die **Erkältung**
→ I can't come - I've got a cold. – *Ich kann nicht kommen, ich habe eine Erkältung.*

cough [kɒf]
der **Husten**
→ That's a terrible cough. – *Das ist ja ein schlimmer Husten.*

danger [ˈdeɪnʤəʳ]
die **Gefahr**
→ She's still in the ICU but she's out of danger. – *Sie ist noch auf der Intensivstation, aber sie ist außer Gefahr.*

dangerous [ˈdeɪndʒərəs]
gefährlich
→ Smoking is dangerous to your health. – *Rauchen ist gefährlich für die Gesundheit.*

dead [ded]
tot
→ Her mother has been dead for many years. – *Ihre Mutter ist schon seit vielen Jahren tot.*

dentist [ˈdentɪst]
der **Zahnarzt,** die **Zahnärztin**
→ I have to go to the dentist this morning. – *Ich muss heute Morgen zum Zahnarzt.*

die [daɪ]
sterben
→ He died in a car accident. – *Er starb bei einem Autounfall.*

disease [dɪˈziːz]
die **(Infektions)krankheit**
→ This is a very rare disease. – *Das ist eine sehr seltene Krankheit.*

doctor [ˈdɒktəʳ]
der **Arzt,** die **Ärztin**
→ You need to take her to a doctor. – *Du musst sie zu einem Arzt bringen.*

fall [fɔːl]
fallen
→ He fell down the stairs. – *Er ist die Treppe heruntergefallen.*

fever [ˈfiːvəʳ]
das **Fieber**
→ You must stay in bed until the fever goes down. – *Du musst im Bett bleiben, bis das Fieber gesunken ist.*

fire [ˈfaɪəʳ]
das **Feuer**
→ There was a fire in the kitchen. – *Es gab ein Feuer in der Küche.*

first aid
Erste Hilfe
→ Do you know how to give first aid? – *Weißt du, wie man Erste Hilfe leistet?*

flu [fluː]
die **Grippe**
→ I've got the flu. – *Ich habe die Grippe.*

happen [ˈhæpən]
geschehen, passieren
→ What happened? – *Was ist passiert?*

headache
Kopfschmerzen
→ Pauline won't be coming – she has a headache. – *Pauline wird nicht kommen – sie hat Kopfschmerzen.*

healthy [ˈhelθi]
gesund
→ Fortunately, I've stayed healthy all winter. – *Glücklicherweise bin ich den ganzen Winter gesund geblieben.*

help [help]
die **Hilfe; helfen**
→ Help! There's been an accident! – *Hilfe! Da ist ein Unfall passiert!*

hit [hɪt]
schlagen, treffen
→ She hit her head on the table. – *Sie schlug sich den Kopf am Tisch an.*

hospital [ˈhɒspɪtəl]
das **Krankenhaus**
→ Penny was admitted to hospital yesterday. – *Penny wurde gestern ins Krankenhaus eingewiesen.*

hurt [hɜːt]
verletzen
→ We had an accident but no one was hurt. – *Wir hatten einen Unfall aber es wurde niemand verletzt.*

ill [ɪl]
krank
→ He was very ill and had to be taken into hospital. – *Er war sehr krank und musste ins Krankenhaus gebracht werden.*

illness [ˈɪlnəs]
die **Krankheit**
→ Is flu a serious illness? – *Ist Grippe eine schwere Krankheit?*

kill [kɪl]
töten
→ Her husband was killed in a car accident. – *Ihr Mann kam bei einem Autounfall ums Leben.*

medicine [ˈmedsən]
die **Medizin**
→ You need a prescription for this medicine. – *Für dieses Medikament brauchen Sie ein Rezept.*

nurse [nɜːs]
die **Krankenschwester,**
der **Krankenpfleger**
→ The nurse changed his bandage. – *Die Krankenschwester wechselte seinen Verband.*

pain [peɪn]
der **Schmerz**
→ I have a pain in my back. – *Ich habe Schmerzen im Rücken.*

patient [ˈpeɪʃənt]
der **Patient,** die **Patientin**
→ She takes very good care of the patients. – *Sie kümmert sich sehr gut um die Patienten.*

prescription [prɪˈskrɪpʃən]
das **(Arzneimittel)rezept**
→ The doctor gave me a prescription for cough medicine. – *Der Arzt gab mir ein Rezept für einen Hustensaft.*

remember [rɪˈmembəʳ]
sich erinnern
→ He doesn't remember the accident. – *Er erinnert sich nicht an den Unfall.*

save [seɪv]
retten
→ You saved me life! – *Du hast mir das Leben gerettet!*

sick [sɪk]
krank, übel
→ I feel sick. – *Mir ist übel.*

suffer [ˈsʌfəʳ]
leiden
→ She died very peacefully, she didn't suffer at all. – *Sie ist ganz friedlich eingeschlafen, sie hat überhaupt nicht gelitten.*

toothache
Zahnschmerzen
→ I've got a toothache. – *Ich habe Zahnschmerzen.*

watch out
aufpassen
→ Watch out! – *Achtung!*

ÜBER GEFÜHLE SPRECHEN

POSITIVE GEFÜHLE

NEGATIVE GEFÜHLE

ÜBER GEFÜHLE SPRECHEN

calm down
sich beruhigen
→ He calmed down after a while. – *Er hat sich nach einer Weile beruhigt.*

complain [kəmˈpleɪn]
sich beschweren
→ We complained about the noise in the hotel. – *Wir haben uns beschwert, dass es im Hotel so laut war.*

feel [fiːl]
fühlen
→ I'm feeling rather hungry. – *Ich habe ziemlichen Hunger.*

hope [həʊp]
hoffen; die **Hoffnung**
→ We hope she'll get better soon. – *Wir hoffen, dass es ihr bald besser geht.*

I'm sorry!
Entschuldigung!

I'm very sorry!
Das tut mir sehr leid!

I beg your pardon!
Ich bitte um Verzeihung!

That's all right!
Keine Ursache!

It doesn't matter!
Macht nichts!

kiss [kɪs]
küssen; der **Kuss**
→ He gave her a kiss on the cheek. – *Er gab ihr einen Kuss auf die Wange.*

shout [ʃaʊt]
schreien
→ Don't shout at him like that. – *Schrei ihn doch nicht so an.*

swear [sweəʳ]
fluchen
→ I wish you would stop swearing. – *Ich wünschte, du würdest aufhören zu fluchen.*

unfortunately [ʌnˈfɔːtʃənətli]
leider
→ Unfortunately, there are no more tickets left. – *Leider gibt es keine Tickets mehr.*

very [ˈveri]
sehr
→ Your father is very proud of you. – *Dein Vater ist sehr stolz auf dich.*

wish [wɪʃ]
wünschen; der **Wunsch**
→ Sarah wishes she'd come. – *Sarah wünschte, sie wäre gekommen.*

POSITIVE GEFÜHLE

advantage [əd'vɑːntɪdʒ]
der **Vorteil**
→ That's the advantage of online banking. – *Das ist der Vorteil des Internetbankings.*

enjoy [ɪn'dʒɔɪ]
genießen, mögen
→ I enjoyed the evening very much. – *Ich habe den Abend sehr genossen.*

fine [faɪn]
fein; gut
→ How are you? – I'm fine! – *Wie geht es Ihnen? – Mir geht es gut.*

fun [fʌn]
der **Spaß**
→ We had a lot of fun at the fair. – *Wir hatten viel Spaß auf der Kirmes.*

happy ['hæpi]
glücklich; froh
→ He was happy about his new car. – *Er freute sich über sein neues Auto.*

in love
verliebt
→ They fell in love. – *Sie haben sich verliebt.*

laugh [lɑːf]
lachen; das **Lachen**
→ His joke made everyone laugh. – *Sein Witz brachte alle zum Lachen.*

look forward to
sich freuen auf
→ She's looking forward to college. – *Sie freut sich auf das College.*

love [lʌv]
lieben; die **Liebe**
→ Do you love her? – *Liebst du sie?*

pleasure ['pleʒəʳ]
das **Vergnügen**
→ Thank you very much! – It's a pleasure! – *Vielen Dank! – Es war mir ein Vergnügen.*

smile [smaɪl]
lächeln; das **Lächeln**
→ She smiled at the cameras. – *Sie lächelte in die Kameras.*

surprise [sə'praɪz]
die **Überraschung**
→ I have a little surprise for you. – *Ich habe eine kleine Überraschung für dich.*

well [wel]
gut
→ Well, how is she? – She's quite well. – *Und, wie geht es ihr? – Ja, ganz gut.*

wonderful ['wʌndəfəl]
wunderbar
→ We had a wonderful time. – *Wir hatten eine wunderbare Zeit.*

NEGATIVE GEFÜHLE

afraid [əˈfreɪd]
verängstigt
→ Jason is afraid of spiders and bats. – *Jason hat Angst vor Spinnen und Fledermäusen.*

alone [əˈləʊn]
allein
→ He was alone at Christmas. – *Er war über Weihnachten alleine.*

angry [ˈæŋgri]
böse, verärgert
→ It made me very angry. – *Das hat mich sehr wütend gemacht.*

boring [ˈbɔːrɪŋ]
langweilig
→ The presentation was so boring. – *Der Vortrag war so langweilig.*

cry [kraɪ]
weinen; schreien
→ She cried all night. – *Sie hat die ganze Nacht geweint.*

fault [fɔːlt]
die **Schuld**
→ It's not my fault. – *Es ist nicht meine Schuld.*

fear [fɪəʳ]
die **Angst**
→ I have a fear of heights. – *Ich habe Höhenangst.*

frighten [ˈfraɪtən]
erschrecken
→ You frightened me! – *Du hast mich erschrocken!*

hate [heɪt]
hassen
→ I hate being last. – *Ich hasse es, Letzte(r) zu sein.*

sad [sæd]
traurig
→ The sad news is that the theatre will be closing down next year. – *Die traurige Nachricht ist, dass das Theater nächstes Jahr schließen wird.*

trouble [ˈtrʌbl̩]
der **Ärger;** die **Mühe**
→ The trouble with her is she's always late. – *Das Ärgerliche an ihr ist, dass sie immer zu spät kommt.*

unhappy [ʌnˈhæpi]
unglücklich
→ She's terribly unhappy about it. – *Sie ist furchtbar unglücklich darüber.*

worry [ˈwʌri]
die **Sorge, sich sorgen**
→ He worries about the future. – *Er macht sich Sorgen um die Zukunft.*

KOCHEN, BACKEN UND VERZEHREN

LEBENSMITTEL

GETRÄNKE

IM RESTAURANT

KOCHEN, BACKEN UND VERZEHREN

appetite [ˈæpɪtaɪt]
der **Appetit**
→ I haven't had much of an appetite lately. – *Ich habe in letzter Zeit keinen Appetit.*

bake [beɪk]
backen
→ She bakes all her own bread. – *Sie backt ihr Brot selbst.*

cook [kʊk]
kochen
→ Do you enjoy cooking? – *Kochst du gerne?*

cut [kʌt]
schneiden
→ I cut some bread for lunch. – *Ich habe Brot fürs Mittagessen aufgeschnitten.*

eat [i:t]
essen
→ We eat dinner at six. – *Wir essen um sechs zu Abend.*

meal [mi:l]
das **Essen**; die **Mahlzeit**
→ It's better to eat three meals a day. – *Es ist besser, drei Mahlzeiten am Tag zu essen.*

breakfast [ˈbrekfəst]
das **Frühstück**
→ What would you like for breakfast? – *Was hätten Sie gerne zum Frühstück?*

lunch [lʌn(t)ʃ]
das **Mittagessen**;
der **Mittag**
→ I'm just having a sandwich for lunch. – *Ich esse nur ein Sandwich zu Mittag.*

dinner [ˈdɪnəʳ]
das **Abendessen**
→ He's invited me to dinner tonight. – *Er hat mich heute zum Abendessen eingeladen.*

evening meal
das **Abendessen**
→ The evening meal is served at seven thirty. – *Das Abendessen wird um halb acht serviert.*

plate [pleɪt]
der **Teller**
→ She ordered a plate of chips. – *Sie bestellte einen Teller Pommes.*

spoon [spuːn]
der **Löffel**
→ How much sugar do you take? – Two spoons, please. – *Wie viel Zucker nimmst du? – Zwei Löffel bitte.*

fork [fɔːk]
die **Gabel**
→ Could I have a smaller fork please? – *Könnte ich bitte eine kleinere Gabel haben?*

knife [naɪf]
das **Messer**
→ She cut the meat with a sharp knife. – *Sie schnitt das Fleisch mit einem scharfen Messer.*

hungry [ˈhʌŋgri]
hungrig
→ Are you hungry yet? – *Hast du schon Hunger?*

thirsty [ˈθɜːsti]
durstig
→ I'm thirsty – does anyone else want a drink? – *Ich habe Durst – mag sonst noch jemand was zu trinken?*

empty [ˈem(p)ti]
leer
→ Your glass is empty – would you like some more? – *Dein Glas ist leer – magst du noch mehr?*

full [fʊl]
voll, satt
→ Would you like some more? – No thank you, I'm full. – *Möchten Sie gerne noch mehr? – Nein danke, ich bin satt.*

tasty [ˈteɪsti]
lecker
→ Mmm, that was very tasty. – *Mmm, das war sehr lecker.*

piece [piːs]
das **Stück**
→ Could I have another piece of cake please? – *Darf ich bitte noch ein Stück Kuchen haben?*

rest [rest]
der **Rest**
→ Put the rest of the food into the fridge. – *Stell das restliche Essen in den Kühlschrank.*

slice [slaɪs]
die **Scheibe**
→ I had two slices of toast for breakfast. – *Ich habe zwei Scheiben Toast zum Frühstück gegessen.*

LEBENSMITTEL

apple ['æpl̩]
der **Apfel**
→ She baked a delicious apple cake. – *Sie backte einen köstlichen Apfelkuchen.*

beef [bi:f]
das **Rindfleisch**
→ I'll be making a roast beef for Sunday lunch. – *Ich werde Sonntag zum Mittagessen einen Rinderbraten machen.*

bread [bred]
das **Brot**
→ Would you like bread and butter with your soup? – *Möchtest du Brot und Butter zu deiner Suppe?*

cake [keɪk]
der **Kuchen**
→ I have to bake a birthday cake. – *Ich muss einen Geburtstagskuchen backen.*

fish [fɪʃ]
der **Fisch**
→ The grilled fish here is delicious. – *Der gegrillte Fisch hier ist köstlich.*

fresh [freʃ]
frisch
→ For breakfast she likes fresh fruit with yoghurt. – *Zum Frühstück isst sie gerne frisches Obst mit Joghurt.*

fruit [fru:t]
das **Obst**
→ Apples are my favourite type of fruit. – *Äpfel sind mein Lieblingsobst.*

ice cream
das **Eis**
→ I'd love a chocolate ice cream now. – *Ich hätte jetzt gerne ein Schokoladeneis.*

meat [mi:t]
das **Fleisch**
→ The meat is very tough. – *Das Fleisch ist sehr zäh.*

milk [mɪlk]
die **Milch**
→ I like milk in my tea. – *Ich mag Milch in meinem Tee.*

oil [ɔɪl]
das **Öl**
→ Wait until the oil is hot before putting the vegetables in. – *Warte, bis das Öl heiß ist, bevor du das Gemüse hinzugibst.*

pork [pɔːk]
das **Schweinefleisch**
→ For Sunday lunch we had roast pork with apple sauce. – *Sonntagmittag gab es Schweinebraten mit Apfelmus.*

potato [pəˈteɪtəʊ]
die **Kartoffel**
→ The potatoes weren't cooked through. – *Die Kartoffeln waren nicht ganz gar.*

quality [ˈkwɒləti]
die **Qualität**
→ Good quality meat has its price. – *Fleisch in guter Qualität hat seinen Preis.*

roll [rəʊl]
das **Brötchen**
→ I've made some cheese rolls for the journey. – *Ich habe Käsebrötchen gemacht für unterwegs.*

salad [ˈsæləd]
der **Salat**
→ We could just eat a salad for lunch. – *Wir könnten zu Mittag nur einen Salat essen.*

salt [sɔːlt]
das **Salz**
→ I think you forgot to add salt. – *Ich glaube du hast vergessen zu salzen.*

sausage [ˈsɒsɪdʒ]
die **Wurst**
→ I don't like sausages for breakfast. – *Ich mag keine Würstchen zum Frühstück.*

spicy [ˈspaɪsi]
scharf
→ He likes his curry very spicy! – *Er mag sein Curry besonders scharf!*

pickle ≠ Pickel

In England werden **pickles** gegessen und nicht ausgedrückt. Gemeint ist süß-sauer eingelegtes Gemüse, in Deutschland allgemein als „Mixed Pickles“ bekannt. Was die größten Feinde der pubertierenden Bevölkerung betrifft, nämlich Pickel, so kämpfen Sie in England gegen **spots** oder auch **pimples** an.

sweet [swi:t]
süß; die **Süßigkeit**
→ Her children are not allowed to eat any sweets. – *Ihre Kinder dürfen überhaupt keine Süßigkeiten essen.*

vegetable ['veʤtəbl̩]
das **Gemüse**
→ I buy my fresh vegetables from the market. – *Ich kaufe mein frisches Gemüse vom Markt.*

GETRÄNKE

beer [bɪər]
das **Bier**
→ This pub serves 23 varieties of beer. – *Diese Kneipe bietet 23 Sorten Bier an.*

bottle ['bɒtl̩]
die **Flasche**
→ I would like a bottle of your best red wine. – *Ich hätte gerne ein Flasche Ihres besten Rotweins.*

tea (with milk / lemon)
der **Tee (mit Milch / Zitrone)**

coffee (with cream / milk)
der **Kaffee (mit Sahne / Milch)**

decaffeinated coffee
der **entkoffeinierte Kaffee**

hot chocolate
die **heiße Schokolade**

coffee ['kɒfi:]
der **Kaffee**
→ Shall we go for a coffee? – *Sollen wir einen Kaffee trinken gehen?*

cup [kʌp]
die **Tasse**
→ Would you like a cup of tea? – *Möchtest du eine Tasse Tee?*

drink [drɪŋk]
trinken; das **Getränk**
→ Would you like a drink? – *Möchten Sie was trinken?*

drunk [drʌŋk]
betrunken
→ She was very drunk last night. – *Sie war gestern Abend ziemlich betrunken.*

glass [glɑ:s]
das **Glas**
→ I like a glass of wine in the evening. – *Ich trinke gerne ein Glas Wein am Abend.*

juice [dʒu:s]
der **Saft**
→ Have we got any apple juice in the house? – *Haben wir Apfelsaft im Haus?*

mineral water
das **Mineralwasser**
→ She drinks still mineral water all day. – *Sie trinkt den ganzen Tag stilles Mineralwasser.*

water [ˈwɔ:təʳ]
das **Wasser**
→ Do you need a glass of water? – *Brauchst du ein Glas Wasser?*

wine [waɪn]
der **Wein**
→ You can bring your own bottle of wine in this restaurant. – *In diesem Restaurant darf man seine eigene Flasche Wein mitbringen.*

IM RESTAURANT

bill [bɪl]
die **Rechnung**
→ May I have the bill, please? – *Könnte ich bitte die Rechnung haben?*

order [ˈɔ:dəʳ]
bestellen; die Bestellung
→ Would you like to place your order? – *Möchten Sie Ihre Bestellung aufgeben?*

portion [ˈpɔ:ʃən]
die **Portion**
→ I'd like a portion of chips with that please. – *Ich hätte dazu gerne eine Portion Pommes frites bitte.*

qualm ≠ Qualm

Wenn es Ihnen im Pub zu rauchig wird, sagen Sie bitte nicht **the room was full of qualm,** denn das würde fast soviel bedeuten wie „der Raum war voller Zweifel“. Richtig wäre **the room was full of smoke,** denn **smoke** ist die englische Entsprechung von Qualm.

pub [pʌb]
die **Kneipe;**
die **Gaststätte**
→ Let's go to the pub for a beer. – *Lass uns auf ein Bier in die Kneipe gehen.*

recommend [ˌrekəˈmend]
empfehlen
→ Which wine do you recommend to go with the fish? – *Welchen Wein empfehlen Sie zum Fisch?*

restaurant [ˈrestərɔ̃(ŋ)]
das **Restaurant**
→ I've booked a table at the Indian restaurant. – *Ich habe im indischen Restaurant einen Tisch gebucht.*

serve [sɜːv]
servieren; bedienen
→ Are you being served? – *Werden Sie schon bedient?*

waiter [ˈweɪtəʳ]
der **Kellner**
→ The waiter took our order. – *Der Kellner nahm unsere Bestellung.*

waitress [ˈweɪtrɪs]
die **Kellnerin**
→ If you see the waitress, ask her for the bill please. – *Wenn du die Kellnerin siehst, frag sie bitte nach der Rechnung.*

want [wɒnt]
wollen
→ Are you sure you don't want another drink? – *Bist du sicher, dass du nicht noch was trinken möchtest?*

GUT ANGEZOGEN

SCHUHE UND ACCESSOIRES

GUT ANGEZOGEN

changing room
die **Umkleidekabine**
→ Can I try this on? Where is the changing room? – *Darf ich das anprobieren? Wo ist die Umkleidekabine?*

clothes [kləʊ(ð)z]
die **Kleidung**
→ She left her clothes lying all around the room. – *Sie ließ ihre Kleider überall im Zimmer herumliegen.*

coat [kəʊt]
der **Mantel**
→ I put your coat in the cloakroom. – *Ich habe deinen Mantel an der Garderobe abgegeben.*

colourful [ˈkʌləfəl]
bunt
→ That's a very colourful tie. – *Das ist eine sehr bunte Krawatte.*

dress [dres]
das **Kleid**
→ Her wedding dress was very simple . – *Ihr Hochzeitskleid war sehr schlicht.*

fashion [ˈfæʃ^ən]
die **Mode**
→ Leather is in fashion this year. – *Leder ist dieses Jahr voll in Mode.*

fit [fɪt]
passen
→ This skirt doesn't fit. – *Dieser Rock passt nicht.*

get dressed
sich anziehen
→ I'll be five minutes, I'm just getting dressed. – *Fünf Minuten noch, ich ziehe mich gerade an.*

backside ≠ Rückseite

Backside ist das Hinterteil im Sinne von Hosenboden. Wenn Sie die Rückseite meinen, bitte mit **reverse** übersetzen. Der Rücken wird einfach nur mit **back** übersetzt.

hole [həʊl]
das **Loch**
→ There was a hole in his trousers. – *In seiner Hose war ein Loch.*

jacket [ˈʤækɪt]
die **Jacke**
→ I suggest you wear a jacket – it's quite cold outside. – *Ich rate dir eine Jacke zu tragen – es ist recht kalt draußen.*

jeans [ʤiːnz]
die **Jeans**
→ Jess bought a new pair of jeans. – *Jess hat sich eine neue Jeans gekauft.*

jumper [ˌʤʌmpəʳ]
der **Pullover**
→ I'm cold, can I borrow your pullover? – *Mir ist kalt, kann ich mir deinen Pullover ausleihen?*

match [mætʃ]
passen
→ I need a tie to match this shirt. – *Ich brauche noch eine Krawatte, die zu diesem Hemd passt.*

new [njuː]
neu
→ Do you like my new dress? – *Gefällt dir mein neues Kleid?*

old-fashioned
altmodisch
→ Those shoes are a bit old-fashioned. – *Diese Schuhe sind ein bisschen altmodisch.*

put on
anziehen; aufsetzen
→ Put on a hat, it's cold outside. – *Setze eine Mütze auf, es ist kalt draußen.*

second-hand
gebraucht, Secondhand-
→ I bought this really cheaply in a secondhand shop. – *Das habe ich echt günstig in einem Secondhandladen gekauft.*

shirt [ʃɜːt]
das **Hemd**
→ Everyone in my office wears a shirt and tie to work. – *In meinem Büro tragen alle Hemd und Krawatte zur Arbeit.*

short [ʃɔːt]
kurz
→ Short skirts never really went out of fashion. – *Kurze Röcke sind nie wirklich aus der Mode gekommen.*

size [saɪz]
die **Größe**
→ Which size do you need? – *Welche Größe brauchen Sie?*

small [smɔːl]
klein
→ This shirt is a size too small. – *Dieses Hemd ist eine Nummer zu klein.*

large [lɑːʤ]
groß
→ Mark liked the jumper, but it was a little too large. – *Mark mochte den Pullover, aber er war ein bisschen zu groß.*

medium [ˈmiːdiəm]
mittel
→ Do you have this in (a) medium? – *Haben sie das auch in M?*

skirt [skɜːt]
der **Rock**
→ She was wearing a grey skirt. – *Sie trug einen grauen Rock.*

style [staɪl]
Stil
→ I like your style. – *Ich mag deinen Stil.*

suit [suːt]
der **Anzug; stehen**
→ This suit doesn't suit you as much as the first one. – *Dieser Anzug steht dir nicht so gut wie der erste.*

take off
ausziehen; entfernen
→ Take your shoes off at the door, please. – *Zieht bitte an der Tür eure Schuhe aus.*

tight [taɪt]
eng
→ My shoes are too tight, I can hardly walk. – *Meine Schuhe sind zu eng, ich kann kaum laufen.*

trousers [ˈtraʊzəz]
die **Hose**
→ He bought himself a new pair of trousers. – *Er hat sich eine neue Hose gekauft.*

try on
anprobieren
→ Can I try these on? – *Kann ich die anprobieren?*

wear [weəʳ]
tragen (Kleidung)
→ I love that dress you're wearing! – *Ich liebe das Kleid, dass du anhast.*

SCHUHE UND ACCESSOIRES

bag [bæg]
die **Tasche**
→ I've searched both bags and still can't find my keys. – *Ich habe beide Taschen durchsucht und finde meine Schlüssel trotzdem nicht.*

belt [belt]
der **Gürtel**
→ I bought myself a beautiful leather belt in Spain. – *Ich habe mir in Spanien einen schönen Ledergürtel gekauft.*

bracelet [ˈbreɪslət]
das **Armband,** der **Armreif**
→ Emma was given a silver bracelet for her birthday. – *Emma bekam zu ihrem Geburtstag ein silbernes Armband geschenkt.*

earring
der **Ohrring**
→ I bought Tess a pair of earrings. – *Ich habe Tess ein Paar Ohrringe gekauft.*

glasses
die **Brille**
→ You need a new pair of glasses. – *Du brauchst eine neue Brille.*

handbag
die **Handtasche**
→ Your handbag is part of your hand baggage. – *Deine Handtasche ist Teil deines Handgepäcks.*

hat [hæt]
der **Hut**
→ I've got to buy a hat for the wedding. – *Ich muss mir für die Hochzeit einen Hut kaufen.*

made [meɪd]
hergestellt
→ The watch had Swiss-made written on it. – *Auf der Uhr stand, dass sie in der Schweiz hergestellt worden sei.*

pair [peəʳ]
das **Paar**
→ She's got about 300 pairs of shoes! – *Sie hat etwa 300 Paar Schuhe!*

put on
anziehen, aufsetzen
→ Put your gloves on, it's cold outside. – *Zieh deine Handschuhe an, es ist kalt draußen.*

ring [rɪŋ]
der **Ring**
→ She's wearing her new engagement ring. – *Sie trägt ihren neuen Verlobungsring.*

scarf [skɑ:f]
der **Schal**
→ I need to buy a scarf for the winter. – *Ich muss mir einen Schal für den Winter kaufen.*

shoe [ʃu:]
der **Schuh**
→ I need a new pair of winter shoes. – *Ich brauche neue Winterschuhe.*

sock [sɒk]
die **Socke**
→ I've lost another black sock in the washing. – *Ich habe schon wieder eine schwarze Socke in der Wäsche verloren.*

sunglasses
die **Sonnenbrille**
→ These sunglasses will protect your eyes. – *Diese Sonnenbrille wird deine Augen schützen.*

tie [taɪ]
die **Krawatte**
→ What tie would match this shirt? – *Welche Krawatte passt zu diesem Hemd?*

umbrella [ʌmˈbrelə]
der **Regenschirm**
→ I'd take an umbrella in case it rains. – *Ich würde einen Regenschirm mitnehmen, falls es regnet.*

watch [wɒtʃ]
die **Armbanduhr**
→ My watch is broken. – *Meine Uhr ist kaputt.*

EINKAUFEN

BEZAHLEN

EINKAUFEN

also [ˈɔːlsəʊ]
auch
→ We need garlic, tomatoes and also two red peppers. – *Wir brauchen Knoblauch, Tomaten und auch zwei rote Paprikaschoten.*

bag [bæg]
die **Tüte**
→ Do you need a bag? – *Brauchen Sie eine Tüte?*

baker('s) [ˈbeɪkəʳ(z)]
der **Bäcker**
→ I need to go to the baker's for a loaf of bread. – *Ich muss zum Bäcker, ein Brot kaufen.*

bookshop
die **Buchhandlung**
→ I want to buy a dictionary. Is there a bookshop nearby? – *Ich möchte mir ein Wörterbuch kaufen. Wo gibt es denn hier einen Buchladen?*

butcher('s) [ˈbʊtʃə(z)]
die **Metzgerei**
→ A good butcher's is hard to find here. – *Eine gute Metzgerei ist hier schwer zu finden.*

buy [baɪ]
kaufen
→ I'm going to the butcher's to buy a pound of mince. – *Ich gehe zur Metzgerei und kaufe ein Pfund Hackfleisch.*

chemist('s) [ˈkemɪst(s)]
die **Drogerie**
→ You can buy some shaving foam at the chemist's. – *Du kannst in der Drogerie Rasierschaum kaufen.*

close [kləʊs]
(sich) schließen
→ I had just reached the bank when they closed the doors. – *Ich kam gerade bei der Bank an, als sie zumachten.*

customer [ˈkʌstəməʳ]
der **Kunde,** die **Kundin**
→ Customers are not buying so much this year. – *Die Kunden kaufen dieses Jahr nicht so viel.*

department store
das **Kaufhaus**
→ You can buy anything in department stores like this. – *In Kaufhäusern wie diesem bekommt man alles.*

go in
hineingehen
→ I went into town to do the shopping. – *Ich ging in die Stadt um einzukaufen.*

go up
steigen (Preise)
→ Petrol prices are going up again. – *Die Benzinpreise steigen wieder.*

grocer [ˈgrəʊsəʳ]
der **Lebensmittelhändler,** die **Lebensmittelhändlerin**
→ Do you think the grocer sells honey? – *Glaubst du, der kleine Lebensmittel-laden verkauft Honig?*

market [ˈmɑːkɪt]
der **Markt**
→ There's a farmers' market on Sunday mornings. – *Es gibt einen Bauernmarkt jeden Sonntagmorgen.*

newsagent('s)
das **Zeitschriftengeschäft**
→ I'm just going to the newsagent's to buy a paper. – *Ich gehe nur mal kurz zum Zeitschriftenladen und kaufe eine Zeitung.*

offer [ˈɒfəʳ]
das **Angebot**
→ We offer sightseeing tours in and around Edinburgh. – *Wir bieten Stadtrundfahrten in und um Edinburgh an.*

open [ˈəʊpən]
öffnen; offen
→ The shop is open now. – *Der Laden hat jetzt geöffnet.*

outlet store
der **Fabrikverkauf**
→ You can buy really cheap clothes in the outlet store. – *Beim Fabrik-verkauf kann man echt billige Kleider kaufen.*

price [praɪs]
der **Preis**
→ That's a really good price for a laptop. – *Das ist ein guter Preis für ein Laptop.*

queue [kjuː]
die **(Warte)schlange**
→ There was a long queue in front of the fitting room. – *Vor der Umkleide-kabine hatte sich eine lange Schlange gebildet.*

sale [seɪl]
der **Verkauf**
→ I bought it in the sales. – *Ich habe es im Ausverkauf gekauft.*

shop [ʃɒp]
der **Laden**
→ The shop is closed on Sundays. – *Der Laden hat sonntags zu.*

shopping [ˈʃɒpɪŋ]
der **Einkauf**
→ I have to do the shopping. – *Ich muss einkaufen gehen.*

shopping basket
der **Einkaufskorb**
→ All the eggs in her shopping basket broke when she dropped it. – *Alle Eier in ihrem Einkaufskorb zerbrachen, als sie den Korb fallen ließ.*

shopping centre
das **Einkaufszentrum**
→ Is there a men's clothes shop in the shopping centre? – *Gibt es im Einkaufszentrum einen Laden für Herrenbekleidung?*

shopping list
die **Einkaufsliste**
→ Is there anything else on the list? – *Steht sonst noch was auf der Liste?*

spend [spend]
ausgeben
→ I spent a lot of money on this car. – *Ich habe für dieses Auto viel Geld ausgegeben.*

supermarket [ˈsuːpəˌmɑːkɪt]
der **Supermarkt**
→ Where is the nearest supermarket? – *Wo ist der nächste Supermarkt?*

trolley [ˈtrɒli]
der **Einkaufswagen**
→ The shopping list is very long, we'll need a trolley. – *Die Einkaufsliste ist sehr lang, wir werden einen Einkaufswagen brauchen.*

BEZAHLEN

bank [bæŋk]
die **Bank**
→ The bank charges you for exchanging money. – *Die Bank erhebt eine Gebühr für den Geldwechsel.*

banknote
der **Geldschein**
→ I've only got a £50 banknote. – *Ich habe nur einen 50-Pfund-Geldschein.*

bill [bɪl]
die **Rechnung**
→ Could we pay the bill, please? – *Könnten wir bitte zahlen?*

cash [kæʃ]
das **Bargeld**
→ Do you have enough cash on you? – *Hast du genug Bargeld dabei?*

cash desk
die **Kasse**
→ You can pay at any cash desk. – *Man kann an jeder Kasse bezahlen.*

change [tʃeɪndʒ]
das **Wechselgeld**;
das **Kleingeld**
→ Sorry, I don't have any change. – *Ich habe leider kein Kleingeld.*

change [tʃeɪndʒ]
wechseln
→ Can you change a £50 note? – *Können Sie einen 50-Pfund-Geldschein wechseln?*

cheap [tʃiːp]
günstig, billig
→ Fruit is usually cheaper at the market than at the supermarket. – *Obst ist auf dem Markt meistens günstiger als im Supermarkt.*

coin [kɔɪn]
die **Münze**
→ This machine doesn't accept pound coins. – *Dieser Automat nimmt keine 1-Pfund-Münzen an.*

cost [kɒst]
kosten
→ How much does it cost? – *Wie viel kostet das?*

costs
die **Kosten**
→ The costs are enormous. – *Die Kosten sind enorm.*

credit card
die **Kreditkarte**
→ Do you take credit cards? – *Akzeptieren Sie Kreditkarten?*

expensive [ɪkˈspen(t)sɪv]
teuer
→ Those earrings look very expensive. – *Die Ohrringe sehen sehr teuer aus.*

fee [fiː]
die **Gebühr**
→ The price includes a booking fee of ten pounds. – *Im Preis enthalten ist eine Buchungsgebühr von zehn Pfund.*

give [gɪv]
geben
→ She gave him twenty pounds. – *Sie gab ihm zwanzig Pfund.*

keep [kiːp]
behalten
→ Please keep the change. – *Der Rest ist für Sie.*

money [ˈmʌni]
das **Geld**
→ It costs a lot of money. – *Das kostet viel Geld.*

note [nəʊt]
der **(Geld)schein**
→ Can you change a £50 note? – *Können Sie einen 50-Pfund-Geldschein wechseln?*

pay [peɪ]
bezahlen
→ You can pay by credit card here. – *Man kann hier mit Kreditkarte bezahlen.*

purse [pɜːs]
das **Portmonee**
→ She left her purse at the check-out. – *Sie hat ihr Portmonee an der Kasse vergessen.*

receipt [rɪˈsiːt]
die **Quittung,** der **Beleg**
→ Keep the receipt in case you need to return the clothes. – *Heben Sie den Beleg auf, falls Sie die Kleider zurückbringen müssen.*

sign [saɪn]
unterschreiben
→ Please sign here. – *Bitte unterschreiben Sie hier.*

wallet [ˈwɒlɪt]
die **Brieftasche**
→ His wallet was stolen. – *Seine Brieftasche wurde gestohlen.*

AKTIVITÄTEN IM ALLTAG

MEIN ZUHAUSE

clean [kliːn]
reinigen
→ You need to clean the bath. – *Du musst mal das Bad sauber machen.*

close [kləʊz]
schließen, zumachen
→ Close the door after you please. – *Mach die Tür bitte nach dir zu.*

drop [drɒp]
fallen lassen
→ Be careful not to drop those eggs. – *Vorsicht, dass du die Eier nicht fallen lässt.*

enter [ˈentəʳ]
hereinkommen; betreten
→ Everyone stopped talking when she entered the room. – *Alle hörten auf zu reden als sie den Raum betrat.*

fill [fɪl]
füllen
→ John filled his coffee cup. – *John füllte seine Kaffeetasse.*

find [faɪnd]
finden
→ She found her keys in the flower pot. – *Sie fand ihre Schlüssel im Blumentopf.*

forget [fəˈget]
vergessen
→ Don't forget to do the shopping. – *Vergiss nicht, einkaufen zu gehen.*

get in
hineinkommen
→ How did you get in? – *Wie bist du hineingekommen?*

hold [həʊld]
halten
→ Could you hold this for a moment? – *Könnten Sie das einen Moment halten?*

knock [nɒk]
schlagen; klopfen
→ Did someone just knock at the door? – *Hat da gerade jemand an der Tür geklopft?*

let in
hereinlassen
→ The dog is waiting outside – can you let him in? – *Der Hund wartet draußen – kannst du ihn bitte hereinlassen?*

live [lɪv]
leben, wohnen
→ They live in a small village near London. – *Sie wohnen in einem kleinen Dorf in der Nähe von London.*

lock [lɒk]
verschließen; abschließen
→ Make sure you lock the doors. – *Schließen Sie unbedingt die Türen ab.*

look for
suchen
→ I'm looking for a new flat. – *Ich suche eine neue Wohnung.*

lose [lu:z]
verlieren
→ He's lost his umbrella. – *Er hat seinen Regenschirm verloren.*

move [mu:v]
umziehen
→ We are moving to New York. – *Wir ziehen nach New York.*

open [ˈəʊpən]
öffnen; offen
→ I can't open the door, I'm not dressed yet. – *Ich kann nicht aufmachen, ich bin noch nicht angezogen.*

press [pres]
drücken
→ She pressed the wrong button. – *Sie hat den falschen Knopf gedrückt.*

pull [pʊl]
ziehen
→ Pull the handle down to open the door. – *Ziehen Sie den Hebel nach unten um die Tür zu öffnen.*

push [pʊʃ]
drücken
→ She pushed the door open and walked inside. – *Sie stieß die Tür auf und ging hinein.*

put [pʊt]
setzen; stellen; legen
→ You can put your coat on the bed. – *Du kannst deinen Mantel aufs Bett legen.*

rent [rent]
mieten; die **Miete**
→ How much is the rent for this flat? – *Wie hoch ist die Miete für diese Wohnung?*

ring [rɪŋ]
klingeln
→ Did you hear the door bell ring? – *Hast du es auch klingeln hören?*

search [sɜːtʃ]
suchen
→ I've searched everywhere for it. – *Ich habe überall danach gesucht.*

switch off
ausschalten
→ Please switch off the lights before you go out. – *Schalte bitte die Lichter aus, bevor du gehst.*

switch on
einschalten
→ He switched on the television to watch the news. – *Er schaltete den Fernseher ein, um die Nachrichten zu sehen.*

use [juːz]
benutzen, gebrauchen
→ You can use my pen if you want. – *Du kannst meinen Stift benutzen, wenn du magst.*

wash [wɒʃ]
waschen; die **Wäsche**
→ My favourite Jeans are in the wash. – *Meine Lieblingsjeans ist in der Wäsche.*

MEIN ZUHAUSE

bath [bɑːθ]
das **Bad**
→ I'm going to have a bath. – *Ich werde ein Bad nehmen.*

bathroom
das **Badezimmer**
→ The bathroom is the door on the left. – *Das Badezimmer ist die Tür links.*

bed [bed]
das **Bett**
→ Let's go to bed. – *Lass uns zu Bett gehen.*

bedroom
das **Schlafzimmer**
→ The bedrooms are upstairs. – *Die Schlafzimmer sind oben.*

carpet [ˈkɑːpɪt]
der **Teppich**
→ Simon spilt red wine on our new white carpet. – *Simon verschüttete Rotwein auf unseren neuen weißen Teppich.*

chair [tʃeəʳ]
der **Stuhl**
→ I like your new chair! – *Ich finde deinen neuen Stuhl toll!*

comfortable [ˈkʌm(p)ftəbl̩]
gemütlich
→ Make yourself comfortable. – *Mach es dir gemütlich.*

cooker [ˈkʊkəʳ]
der **Herd**
→ The kitchen has a gas cooker. – *Die Küche hat einen Gasherd.*

cupboard [ˈkʌbəd]
der **Schrank**
→ This cupboard's full of toys. – *In dem Schrank sind lauter Spielsachen.*

curtain [ˈkɜːtᵊn]
der **Vorhang**
→ We bought new curtains for the living room. – *Wir haben neue Vorhänge für das Wohnzimmer gekauft.*

door [dɔːʳ]
die **Tür**
→ The toilet is the second door on the left. – *Die Toilette ist die zweite Tür links.*

downstairs
unten
→ He ran downstairs to get the telephone. – *Er rannte nach unten um ans Telefon zu gehen.*

electric [ɪˈlektrɪk]
elektrisch
→ She uses an electric toothbrush. – *Sie benutzt eine elektrische Zahnbürste.*

elevator [elɪveɪţɚ]
der **Fahrstuhl**
→ Take the elevator up to the fifth floor. – *Nehmen Sie den Fahrstuhl in den vierten Stock.*

flat [flæt]
die **Wohnung**
→ They live in the flat above. – *Sie wohnen in der Wohnung über uns.*

floor [flɔːʳ]
der **Boden**
→ The plate fell on the floor and broke to pieces. – *Der Teller fiel auf den Boden und zerbrach.*

fridge [frɪʤ]
der **Kühlschrank**
→ Can you get me the butter from the fridge, please? – *Kannst du mir bitte die Butter aus dem Kühlschrank geben?*

home [həʊm]
das **Zuhause; nach Hause**
→ I think I'll stay at home tonight. – *Ich denke ich bleibe heute Abend zu Hause.*

house [haʊs]
das **Haus**
→ She's gone to John's house. – *Sie ist zu John gegangen.*

key [kiː]
der **Schlüssel**
→ This key doesn't fit the lock. – *Dieser Schlüssel passt nicht ins Schloss.*

kitchen [ˈkɪtʃɪn]
die **Küche**
→ You'll find glasses in the kitchen. – *Gläser findest du in der Küche.*

lamp [læmp]
die **Lampe**
→ The lamp above the kitchen table is broken. – *Die Lampe über dem Küchentisch ist kaputt.*

lift [lɪft]
der **Aufzug**
→ The lift is out of order. – *Der Aufzug ist kaputt.*

light [laɪt]
das **Licht**
→ Someone left all the lights on in the house. – *Jemand hat im Haus alle Lichter angelassen.*

light [laɪt]
anzünden
→ Shall I switch on the light, or light some candles? – *Soll ich das Licht anmachen oder ein paar Kerzen anzünden?*

living room
das **Wohnzimmer**
→ The TV is in the living room. – *Der Fernseher ist im Wohnzimmer.*

machine [məˈʃiːn]
die **Maschine**
→ You need a special machine for that. – *Du brauchst eine spezielle Maschine dafür.*

oven [ˈʌvᵊn]
der **(Back)ofen**
→ The cake is in the oven. – *Der Kuchen ist im Ofen.*

picture [ˈpɪktʃəʳ]
das **Bild**
→ Pictures of the family hung on the walls. – *Bilder der Familie hingen an den Wänden.*

room [ruːm]
das **Zimmer**
→ It's such a nice room! – *Das ist aber ein schönes Zimmer!*

rubbish [ˈrʌbɪʃ]
der **Abfall**
→ Could you please take the rubbish out? – *Könntest du bitte den Müll rausbringen?*

shower [ˈʃaʊəʳ]
die **Dusche**
→ Will you be having a shower before we go out? – *Wirst du noch duschen, bevor wir ausgehen?*

closet ≠ Klosett

Ein Klassiker unter den englischen falschen Freunden: Fragen Sie Ihren Gastgeber lieber nicht **where is the closet?**, es sei denn, Sie haben vor, im Kleiderschrank der Hausherrin Ihre Notdurft zu verrichten. Wenn Sie auf Toilette müssen, fragen Sie lieber: **where's the toilet?**

sink [sɪŋk]
das **Spülbecken**
→ The sink was full of dirty pots and pans. – *In der Spüle standen lauter dreckige Töpfe und Pfannen.*

stairs [steəʳz]
die **Treppe**
→ He climbed the stairs. – *Er ging die Treppe hinauf.*

table [ˈteɪbl̩]
der **Tisch**
→ Can you please set the table – dinner is ready. – *Kannst du bitte den Tisch decken – das Essen ist fertig.*

toilet [ˈtɔɪlɪt]
die **Toilette**
→ Excuse me, I need the toilet. – *Entschuldigung, ich muss mal auf die Toilette.*

upstairs [ʌpˈsteəz]
oben
→ Lilly is sleeping upstairs. – *Lilly schläft oben.*

wall [wɔːl]
die **Wand**
→ There were photographs hanging on the walls. – *Es hingen Fotos an den Wänden.*

wardrobe [ˈwɔːdrəʊb]
der **Kleiderschrank**
→ I'm going to sort out my wardrobe today. – *Ich werde heute meinen Kleiderschrank ausmisten.*

window [ˈwɪndəʊ]
das **Fenster**
→ May I open the window? It's warm in here. – *Darf ich das Fenster aufmachen? Hier drinnen ist es warm.*

NATUR & UMWELT

WALD UND FELD

TIERE UND PFLANZEN

WETTER UND KLIMA

DIE JAHRESZEITEN

DIE HIMMELSRICHTUNGEN

WALD UND FELD

beach [biːtʃ]
der **Strand**
→ The best beaches have the finest sand. – *An den besten Stränden gibt es den feinsten Sand.*

field [fiːld]
das **Feld**
→ She went for a walk across the fields. – *Sie machte ein Spaziergang über die Felder.*

forest [ˈfɒrɪst]
der **Wald**
→ We were on holiday in the Black Forest. – *Wir waren im Schwarzwald im Urlaub.*

lake [leɪk]
der **See**
→ There were ducks swimming on the lake. – *Enten schwammen auf dem See.*

mountain [ˈmaʊntɪn]
der **Berg**
→ Jenny and Colin are hiking in the mountains. – *Jenny und Colin wandern in den Bergen.*

river [ˈrɪvəʳ]
der **Fluss**
→ They took a walk by the river. – *Sie machten einen Spaziergang am Fluss entlang.*

sea [siː]
das **Meer**; die **See**
→ The hotel is right by the sea. – *Das Hotel ist direkt am Meer.*

seaside [ˈsiːsaɪd]
am Meer
→ Shall we drive to the seaside for the weekend? – *Wollen wir am Wochenende ans Meer fahren?*

stone [stəʊn]
der **Stein**
→ Some boys were throwing stones into the river. – *Ein paar Jungs warfen Steine in den Fluss.*

wood [wʊd]
der **Wald**; das **Holz**
→ This box is made of wood. – *Diese Kiste ist aus Holz gemacht.*

TIERE UND PFLANZEN

animal [ˈænɪməl]
das **Tier**
→ We saw a lot of wild animals. – *Wir haben viele wilde Tiere gesehen.*

bird [bɜːd]
der **Vogel**
→ You can already hear the birds singing in the mornings. – *Man hört morgens schon die Vögel zwitschern.*

cat [kæt]
die **Katze**
→ I'm allergic to cats. – *Ich habe eine Katzenallergie.*

cow [kaʊ]
die **Kuh**
→ Cows and sheep were grazing in the meadow. – *Kühe und Schafe grasten auf der Wiese.*

dog [dɒg]
der **Hund**
→ I take my dog for a walk twice a day. – *Ich gehe mit meinem Hund zweimal am Tag spazieren.*

flower [ˈflaʊəʳ]
die **Blume**
→ My mother always sends me flowers on my birthday. – *Meine Mutter schickt mir immer Blumen zum Geburtstag.*

grow [grəʊ]
wachsen; anbauen
→ James grows his own tomatoes. – *James züchtet eigene Tomaten.*

horse [hɔːs]
das **Pferd**
→ She rides her horse every Sunday morning. – *Sie reitet ihr Pferd jeden Sonntagmorgen.*

pig [pɪg]
das **Schwein**
→ The farm we stayed on had cows, pigs and chickens. – *Der Bauernhof, auf dem wir wohnten, hatte Kühe, Schweine und Hühner.*

tree [triː]
der **Baum**
→ The cherry trees are in blossom already. – *Die Kirschbäume sind schon in Blüte.*

WETTER UND KLIMA

air [eəʳ]
die **Luft**
→ The mountain air is very dry. – *Die Bergluft ist sehr trocken.*

bright [braɪt]
hell; strahlend
→ It was a bright sunny day. – *Es war ein strahlend sonniger Tag.*

clear [klɪəʳ]
deutlich, klar
→ The fog cleared and the sun came out. – *Der Nebel löste sich auf und die Sonne kam heraus.*

cloud [klaʊd]
die **Wolke**
→ There wasn't a single cloud in the sky. – *Es war keine einzige Wolke am Himmel.*

cold [kəʊld]
die **Kälte; kalt**
→ It's cold today. – *Es ist kalt heute.*

hot [hɒt]
heiß
→ I like to swim in the lake on hot days – *Ich gehe an heißen Tagen gerne im See baden.*

rain [reɪn]
der **Regen; regnen**
→ It started to rain just as we got there. – *Es fing an zu regnen als wir gerade ankamen.*

rise [raɪz]
steigen; aufgehen
→ The sun rose at 7.13 a.m. this morning. – *Heute ging die Sonne um 7.13 Uhr auf.*

sky [skaɪ]
der **Himmel**
→ They looked up at the stars in the sky. – *Sie sahen auf zu den Sternen am Himmel.*

snow [snəʊ]
schneien; der **Schnee**
→ It's so mild that the snow is beginning to melt. – *Es ist so mild, dass der Schnee zu schmelzen beginnt.*

sun [sʌn]
die **Sonne**
→ The sun is blinding me. – *Die Sonne blendet mich.*

warm [wɔːm]
warm
→ It's rather warm outside, don't you think? – *Es ist ganz schön warm draußen, findest du nicht auch?*

weather ['weðə^r]
das **Wetter**
→ How was the weather down there? – *Wie war das Wetter da unten?*

wind [waɪnd]
der **Wind**
→ The wind tore the washing off the line. – *Der Wind riss die Wäsche von der Leine.*

DIE JAHRESZEITEN

season ['si:zən]
die **Jahreszeit;** die **Saison**
→ Strawberries are not in season at the moment. – *Erdbeeren haben zurzeit keine Saison.*

spring [sprɪŋ]
der **Frühling**
→ Spring is my favourite time of year. – *Der Frühling ist für mich die schönste Zeit im Jahr.*

summer ['sʌmə^r]
der **Sommer**
→ Where are you going on holiday this summer? – *Wo macht ihr diesen Sommer Urlaub?*

autumn ['ɔ:təm]
der **Herbst**
→ The trees change their colour in autumn. – *Im Herbst verändern die Bäume ihre Farbe.*

winter ['wɪntə^r]
der **Winter**
→ You can go skiing in Scotland in winter. – *Im Winter kann man in Schottland Ski fahren gehen.*

DIE HIMMELSRICHTUNGEN

north [nɔ:θ]
der **Norden**
→ Newcastle is in the north of England. – *Newcastle liegt im Norden Englands.*

east [i:st]
der **Osten**
→ He worked in the Middle East for three years. – *Er hat drei Jahre im mittleren Osten gearbeitet.*

south [saʊθ]
der **Süden**
→ We are moving down south, to Essex. – *Wir ziehen in den Süden, nach Essex.*

west [west]
der **Westen**
→ I travelled along the west coast of Scotland. – *Ich bin entlang der Westküste Schottlands gereist.*

ORT UND RICHTUNG

DIE UHRZEIT

DIE TAGESZEITEN

DIE WOCHENTAGE

DIE MONATE

WEITERE ZEITBEGRIFFE

ORT UND RICHTUNG

above [əˈbʌv]
oben; über
→ He lives in the flat above. – *Er wohnt in der Wohnung oben.*

anywhere [ˈeniweəʳ]
irgendwo
→ Have you seen my keys anywhere? – *Hast du meine Schlüssel irgendwo gesehen?*

at [æt]
an, bei
→ She's standing at the bar. – *Sie steht an der Theke.*

away [əˈweɪ]
weg, fort
→ Will you be going away over Easter? – *Fahrt ihr über Ostern weg?*

back [bæk]
hinterer Teil; zurück
→ There's room in the back of the car. – *Hinten im Auto ist noch Platz.*

behind [bɪˈhaɪnd]
hinter
→ The book fell behind the sofa. – *Das Buch fiel hinter das Sofa.*

below [bɪˈləʊ]
unten; unter
→ It is 10° below zero today. – *Es ist heute 10° unter null.*

by [baɪ]
bei; an
→ Let's spend the day by the river. – *Lass uns den Tag am Fluss verbringen.*

close [kləʊz]
nah(e)
→ The hotel is close to the city centre. – *Das Hotel ist ganz in der Nähe des Zentrums.*

corner [ˈkɔːnəʳ]
die **Ecke**
→ It's just around the corner. – *Es ist gleich um die Ecke.*

direction [dɪˈrekʃən]
die **Richtung;**
die **Wegbeschreibung**
→ Can you give me the exact directions to your house? – *Kannst du mir eine genaue Wegbeschreibung zu deinem Haus geben?*

down [daʊn]
herunter; hinunter
→ She was walking down the road. – *Sie lief die Straße hinunter.*

entrance [ɪnˈtrɑːn(t)s]
der **Eingang**
→ You can use the back entrance. – *Sie können den Hintereingang benutzen.*

everywhere [ˈevri(h)weəʳ]
überall
→ I've looked everywhere but I can't find my keys. – *Ich habe überall gesucht, aber ich finde meine Schlüssel nicht.*

exit [ˈeksɪt]
der **Ausgang**
→ Where's the nearest exit? – *Wo ist der nächste Ausgang?*

far [fɑːʳ]
weit
→ Australia is very far away from here. – *Australien ist sehr weit weg von hier.*

front [frʌnt]
vorderste(r, s)
→ There's a huge oak tree in the front garden. – *Im Vordergarten steht eine riesige Eiche.*

here [hɪəʳ]
hier
→ He'll be here in twenty minutes. – *Er wird in zwanzig Minuten hier sein.*

in [ɪn]
in; herein
→ I lived in London for many years. – *Ich habe viele Jahre in London gelebt.*

in front of
vor
→ A tall man sat in front of me at the cinema. – *Ein großer Mann saß im Kino vor mir.*

inside [ˌɪnˈsaɪd]
drinnen; hinein; herein
→ Come inside or you'll get wet. – *Komm herein, sonst wirst du nass.*

into [ˈɪntə]
in
→ He went into the kitchen to get a beer. – *Er ging in die Küche, um sich ein Bier zu holen.*

left [left]
links
→ Keep left and follow the signs to the stadium. – *Halte dich links und folge der Beschilderung zum Stadion.*

middle [ˈmɪdl̩]
die **Mitte**
→ They got lost in the middle of the forest. – *Sie hatten sich mitten im Wald verlaufen.*

near [nɪəʳ]
nah(e), bei
→ This plant should stand near the window. – *Diese Pflanze sollte beim Fenster stehen.*

next to
neben
→ The man standing next to Sally is my brother. – *Der Mann, der neben Sally steht, ist mein Bruder.*

on [ɒn]
auf
→ The book is on the table. – *Das Buch liegt auf dem Tisch.*

opposite [ˈɒpəzɪt]
gegenüber
→ The post office is in the building opposite. – *Die Post ist im Gebäude gegenüber.*

out [aʊt]
heraus
→ She called him and he came out. – *Sie rief ihn und er kam heraus.*

outside [ˌaʊtˈsaɪd]
draußen
→ John went into the shop while I waited outside. – *John ging in den Laden, während ich draußen wartete.*

over [ˈəʊvəʳ]
über
→ We went over the bridge. – *Wir gingen über die Brücke.*

over there
da drüben, dort
→ That's our house over there. – *Das da drüben ist unser Haus.*

place [pleɪs]
der **Ort**; die **Wohnung**
→ Your place or mine? – *Zu dir oder zu mir?*

right [raɪt]
rechts
→ On the right is the new museum of modern art. – *Rechts befindet sich das neue Museum der modernen Künste.*

somewhere [ˈsʌmweəʳ]
irgendwo
→ Is there somewhere we can have lunch? – *Können wir irgendwo zu Mittag essen?*

straight [streɪt]
geradeaus; gerade
→ Go straight down this road and turn left at the bottom. – *Fahren Sie geradeaus diese Straße hinunter und biegen unten links ab.*

there [ðeəʳ]
dort, da
→ How did you get there? – *Wie bist du dahin gekommen?*

through [θru:]
durch
→ She climbed through the window. – *Sie kletterte durchs Fenster.*

to [tu:, tə]
zu, nach
→ I went to Berlin last week. – *Letzte Woche bin ich nach Berlin gefahren.*

under [ˈʌndəʳ]
unter
→ The book has fallen under the table. – *Das Buch ist unter den Tisch gefallen.*

up [ʌp]
herauf, hinauf
→ He climbed up the hill. – *Er kletterte den Berg hinauf.*

way out
der **Ausgang**
→ She looked for the nearest way out. – *Sie suchte den nächsten Ausgang.*

DIE UHRZEIT

a.m. [ˌeɪˈem]
vormittags
(bei Zeitangaben)
→ My appointment is at 10 a.m. – *Mein Termin ist um 10 Uhr vormittags.*

p.m. [ˌpi:ˈem]
nachmittags
(bei Zeitangaben)
→ The meeting starts at 3 p.m. – *Das Meeting fängt um 14 Uhr an.*

alarm clock
der **Wecker**
→ I set the alarm clock for six o'clock. – *Ich habe den Wecker auf sechs Uhr gestellt.*

at [æt]
um
(bei Zeitangaben)
→ She came home at two o'clock last night. – *Sie kam heute Nacht um 2 Uhr nach Hause.*

before [bɪˈfɔ:ʳ]
bevor; vor
(bei Zeitangaben)
→ Don't forget to switch off the computer before you go. – *Vergiss nicht, den Computer auszuschalten, bevor du gehst.*

clock [klɒk]
die **Uhr**
→ The clock chimed nine. – *Die Uhr schlug neun.*

get up
aufstehen
→ I have to get up at 6 o'clock tomorrow morning. – *Morgen früh muss ich um sechs Uhr aufstehen.*

half [hɑːf]
halb
→ Let's meet at half past three. – *Treffen wir uns um halb vier.*

hour [aʊəʳ]
die **Stunde**
→ I'll be there within an hour. – *Ich bin in einer Stunde da.*

in [ɪn]
in
→ Class starts in ten minutes. – *Der Unterricht fängt in zehn Minuten an.*

minute [mɪnɪt]
die **Minute**
→ Wait a minute, I can hear her coming. – *Wartet kurz, ich höre sie kommen.*

o'clock [əˈklɒk]
Uhr
→ Lunch is at one o'clock. – *Mittagessen gibt es um 13 Uhr.*

past [pɑːst]
vorbei; nach
(bei Zeitangaben)
→ It's now twenty past nine. – *Es ist jetzt zwanzig nach neun.*

quarter [ˈkwɔːtəʳ]
das **Viertel**
→ It's a quarter to five. – *Es ist Viertel vor fünf.*

second [ˈsekənd]
die **Sekunde**
→ It's 8.15 and 30 seconds. – *Es ist 8.15 Uhr und 30 Sekunden.*

time [taɪm]
die **Zeit**
→ What time does the train leave. – *Um wie viel Uhr fährt der Zug ab?*

to [tuː, tə]
vor (Uhrzeit)
→ It's ten to four. – *Es ist zehn vor vier.*

wake up
aufwachen
→ Wake up, it's already 7 o'clock! – *Wach auf, es ist schon 7 Uhr!*

DIE TAGESZEITEN

morning [ˈmɔːnɪŋ]
der **Vormittag**, der **Morgen**
→ I like to go jogging in the morning. - *Ich gehe morgens gerne Joggen.*

midday
der **Mittag**
→ It's best to avoid the mid-day heat. - *Es ist besser, die Mittagshitze zu meiden.*

afternoon [ˌɑːftəˈnuːn]
der **Nachmittag**
→ What are you doing this afternoon. - *Was machst du heute Nachmittag?*

evening [ˈiːvnɪŋ]
der **Abend**
→ We prefer to cook in the evening. - *Wir kochen lieber abends.*

night [naɪt]
die **Nacht**
→ I didn't sleep well last night. - *Ich habe letzte Nacht nicht gut geschlafen.*

tonight [təˈnaɪt]
heute Abend, heute Nacht
→ Let's go to the cinema tonight. - *Lass uns heute Abend ins Kino gehen.*

midnight [mɪdnaɪt]
die **Mitternacht**
→ She never goes to bed before midnight. - *Sie geht nie vor Mitternacht ins Bett.*

DIE WOCHENTAGE

day [deɪ]
der **Tag**
→ She's expecting her baby any day now. – *Ihr Baby könnte jetzt jeden Tag kommen.*

weekday
der **Wochentag**
→ The shop is open weekdays from 8 a.m. to 6 p.m. – *Der Laden ist wochentags von 8 Uhr bis 18 Uhr geöffnet.*

week [wiːk]
die **Woche**
→ What day of the week is the 31st? – *Was ist der 31. für ein Wochentag?*

on [ɒn]
an (Tag)
→ The wedding is on Saturday. – *Die Hochzeit ist am Samstag.*

Monday [ˈmʌndeɪ]
der **Montag**
→ I hate Mondays! – *Ich hasse Montage!*

Tuesday [ˈtjuːzdeɪ]
der **Dienstag**
→ I go swimming on Tuesdays. – *Dienstags gehe ich schwimmen.*

Wednesday [ˈwenzdeɪ]
der **Mittwoch**
→ Wednesday is the middle of the week. – *Mittwoch ist die Wochenmitte.*

Thursday [ˈθɜːzdeɪ]
der **Donnerstag**
→ What are you doing this Thursday? – *Was machen Sie / machst du diesen Donnerstag?*

Friday [ˈfraɪdeɪ]
der **Freitag**
→ The weekend starts on Friday evening. – *Das Wochenende beginnt am Freitagabend.*

Saturday [ˈsætədeɪ]
der **Samstag**
→ Are you going to the game on Saturday? – *Gehst du am Samstag zum Spiel?*

Sunday [ˈsʌndeɪ]
der **Sonntag**
→ Some people go to church on Sunday. – *Manche Menschen gehen am Sonntag in die Kirche.*

weekend
das **Wochenende**
→ We're going to Munich next weekend. – *Wir fahren nächstes Wochenende nach München.*

DIE MONATE

month [mʌn(t)θ]
der **Monat**
→ May is my favourite month. – *Der Mai ist mein Lieblingsmonat.*

January [ˈdʒænjuəri]
der **Januar**
→ January is the first month of the year. – *Der Januar ist der erste Monat im Jahr.*

February [ˈfebruəri]
der **Februar**
→ February is the shortest month of the year. – *Der Februar ist der kürzeste Monat im Jahr.*

March [mɑːtʃ]
der **März**
→ Today is March 1st. – *Heute ist der 1. März.*

April [ˈeɪprəl]
der **April**
→ Easter is either in March or April. – *Ostern ist entweder im März oder April.*

May [meɪ]
der **Mai**
→ Jack and Jill got married last May. – *Jack und Jill haben letzten Mai geheiratet.*

June [dʒuːn]
der **Juni**
→ Summer starts in June. – *Im Juni fängt der Sommer an.*

July [dʒʊˈlaɪ]
der **Juli**
→ My birthday is in July. – *Ich habe im Juli Geburtstag.*

August [ˈɔːgəst]
der **August**
→ We always go on holiday in August. – *Wir fahren immer im August in Urlaub.*

September [sepˈtembəʳ]
der **September**
→ I haven't seen him since September. – *Ich habe ihn seit September nicht mehr gesehen.*

October [ɒkˈtəʊbəʳ]
der **Oktober**
→ Halloween is on 31st October. – *Halloween ist am 31. Oktober.*

November [nəʊˈvembəʳ]
der **November**
→ Every November 5th you can see fireworks in Britain. – *In Großbritannien gibt es jedes Jahr am 5. November ein Feuerwerk.*

December [dɪˈsembəʳ]
der **Dezember**
→ This has been one of the coldest Decembers ever. – *Das war einer der kältesten Dezember, die es je gab.*

WEITERE ZEITBEGRIFFE

about [əˈbaʊt]
ungefähr; gegen
→ It will take me about half an hour. – *Ich werde ungefähr eine halbe Stunde brauchen.*

after [ˈɑːftəʳ]
nach
→ After a while we went home again. – *Nach einer Weile sind wir wieder nach Hause gegangen.*

again [əˈgen]
wieder, noch einmal
→ She was once again late for her appointment. – *Sie kam wieder einmal zu spät zu ihrem Termin.*

ago [əˈgəʊ]
vor
→ We met twenty years ago today. – *Wir haben uns heute vor zwanzig Jahren kennengelernt.*

almost [ˈɔːlməʊst]
fast; gleich
→ It's almost 3 o'clock. – *Es ist schon fast 3 Uhr.*

already [ɔːlˈredi]
schon; bereits
→ The train has already left. – *Der Zug ist bereits abgefahren.*

always [ˈɔːlweɪz]
immer
→ We always spend Christmas in a chalet in Switzerland. – *Wir verbringen Weihnachten immer in einem Chalet in der Schweiz.*

as long as
so lange
→ Take as long as you like. – *Lass Dir Zeit.*

as soon as
sobald
→ I'll come as soon as I've finished this. – *Ich komme sobald ich hiermit fertig bin.*

at first
zuerst
→ I found Russian quite hard at first. – *Ich fand Russisch am Anfang ziemlich schwer.*

at last
schließlich, zuletzt
→ The rain has stopped at last. – *Endlich hat es aufgehört zu regnen.*

beginning [bɪˈgɪnɪŋ]
der **Anfang**
→ It was the beginning of a very long friendship. – *Es war der Anfang einer großen Freundschaft.*

date [deɪt]
das **Datum**
→ What's the date today? – *Welches Datum haben wir heute?*

during [ˈdjʊərɪŋ]
während
→ Mobile phones must be switched off during the flight. – *Während des Fluges müssen alle Handys ausgeschaltet sein.*

early [ˈɜːli]
früh
→ I have to get up early to catch my train. – *Ich muss früh aufstehen um meinen Zug zu kriegen.*

end [end]
das **Ende; enden**
→ I'll see you at the end of the month. – *Ich sehe dich Ende des Monats.*

ever [ˈevəʳ]
jemals
→ Have you ever been to Japan? – *Warst du jemals in Japan?*

exact [ɪgˈzækt]
genau
→ I need to know the exact date. – *Ich muss das genaue Datum wissen.*

bald ≠ bald

Wenn Sie in der Runde überglücklich berichten **I'm getting married bald** wird man sie ungläubig anschauen und sich wundern, warum die bevorstehende Vermählung Sie dazu veranlasst, sich von Ihrer Haarpracht zu trennen. Das deutsche bald muss mit **soon** übersetzt werden, denn **bald** bedeutet im Englischen glatzköpfig!

finally [ˈfaɪnəli]
endlich; schließlich
→ My sister finally arrived just after midnight. – *Schließlich kam meine Schwester um kurz nach Mitternacht an.*

forever [fəˈrevəʳ]
ewig, für immer
→ Oh dear, this seems to go on forever. – *Oh je, das scheint sich ja ewig hinzuziehen.*

for [fɔːʳ]
seit
→ We've lived here for ten years. – *Wir leben hier seit zehn Jahren.*

from [frɒm]
von
→ We're open from 10 a.m. – *Wir haben ab 10.00 Uhr geöffnet.*

immediately [ɪˈmiːdiətli]
sofort
→ Go home immediately! – *Geh sofort nach Hause!*

in [ɪn]
in
→ That's never happened before in all my time here. – *In der ganzen Zeit, die ich jetzt schon hier bin, ist das noch nie passiert.*

just [dʒʌst]
erst, gerade
→ He's just left. – *Er ist gerade gegangen.*

last [lɑːst]
dauern; letzte(r, s)
→ The journey lasted three days. – *Die Reise dauerte drei Tage.*

late [leɪt]
spät
→ I have to go or I'll be late for work. – *Ich muss gehen, sonst komme ich noch zu spät zur Arbeit.*

moment [ˈməʊmənt]
der **Moment**
→ Please wait a moment. – *Bitte warten Sie noch einen Moment.*

never [ˈnevəʳ]
nie, niemals
→ I'll never do that again. – *Das werde ich nie wieder tun.*

next [nekst]
nächste(r, s)
→ Let's meet next Friday. – *Treffen wir uns doch nächsten Freitag.*

now [naʊ]
jetzt, nun
→ Can we go home now? – *Können wir jetzt nach Hause gehen?*

often [ˈɒfən]
oft
→ I often go for a walk in my lunch break. – *Ich gehe in der Mittagspause oft spazieren.*

once [wʌn(t)s]
einmal
→ I have to take two of these pills once a day. – *Ich muss einmal täglich zwei von diesen Tabletten nehmen.*

seldom [ˈseldəm]
selten
→ I seldom go to the cinema. – *Ich gehe selten ins Kino.*

since [sɪns]
seit
→ I haven't eaten anything since breakfast. – *Ich habe seit dem Frühstück nichts mehr gegessen.*

sometimes [ˈsʌmtaɪmz]
manchmal
→ I sometimes take the bus to work. – *Manchmal fahre ich mit dem Bus zur Arbeit.*

soon [suːn]
bald
→ The exams will be over soon. – *Die Prüfungen werden bald vorbei sein.*

still [stɪl]
(immer) noch
→ Does your father still smoke? – *Raucht dein Vater (immer) noch?*

suddenly [ˈsʌdənli]
plötzlich
→ He suddenly stopped the car. – *Er hielt plötzlich an.*

then [ðen]
dann
→ He played for a while and then he stopped. – *Er spielte eine Weile und dann hörte er auf.*

today [təˈdeɪ]
heute
→ What do you have planned for today? – *Was hast du für heute geplant?*

tomorrow [təˈmɒrəʊ]
morgen
→ What are you doing tomorrow? – *Was hast du morgen vor?*

until [ʌnˈtɪl]
bis
→ He waited until half past six. – *Er wartete bis halb sieben.*

whole [həʊl]
ganz
→ She was crying the whole time. – *Sie hat die ganze Zeit geweint.*

year [jɪəʳ]
das **Jahr**
→ We have lived here for ten years. – *Wir leben hier seit zehn Jahren.*

yesterday [ˈjestədeɪ]
gestern
→ I didn't go into work yesterday. – *Ich bin gestern nicht zur Arbeit gegangen.*

yet [jet]
noch; schon
→ Are you finished? – No, not yet. – *Bist du fertig? – Nein, noch nicht.*

DER JOB

SCHULE UND AUSBILDUNG

DER JOB

application [ˌæplɪˈkeɪʃən]
die **Bewerbung**
→ Tim's written lots of job applications but hasn't had a single reply. – *Tim hat schon viele Bewerbungen geschrieben, aber noch keine einzige Antwort erhalten.*

apply [əˈplaɪ]
sich bewerben
→ You have to apply before the end of the month. – *Sie müssen sich bis Ende des Monats bewerben.*

apprentice [əˈprentɪs]
der **Auszubildende,** die **Auszubildende**
→ Paul is an apprentice car mechanic. – *Paul macht eine Lehre als Kfz-Mechaniker.*

busy [ˈbɪzi]
beschäftigt
→ I am very busy this week. – *Diese Woche habe ich sehr viel zu tun.*

CV [ˌsiːˈviː]
der **Lebenslauf**
→ Don't forget your CV with your letter of application. – *Vergessen Sie / Vergiss nicht Ihren / deinen Lebenslauf bei Ihrer / deiner Bewerbung.*

chance [tʃɑːn(t)s]
die **Gelegenheit;** die **Chance**
→ This could affect your chances of promotion. – *Dies könnte sich auf Ihre Beförderung auswirken.*

colleague [ˈkɒliːg]
der **Kollege,** die **Kollegin**
→ I have nice colleagues at work. – *Ich habe nette Kollegen bei der Arbeit.*

interview [ˈɪntəvjuː]
das **Interview,** das **(Bewerbungs)gespräch**
→ They've asked me to come back for a second interview. – *Sie haben mich noch einmal zu einem zweiten Gespräch eingeladen.*

job [ʤɒb]
die **Arbeit;** der **Beruf**
→ I'll look for a job as soon as I get there. – *Ich werde mir eine Arbeit suchen, sobald ich dort bin.*

occupation [ˌɒkjəˈpeɪʃən]
die **Beschäftigung;**
die **Tätigkeit**
→ What is your occupation? – *Was sind Sie / bist du von Beruf?*

office [ˈɒfɪs]
das **Büro**
→ My office is in the city centre. – *Mein Büro ist in der Stadtmitte.*

opportunity [ˌɒpəˈtjuːnəti]
die **Gelegenheit**
→ This is a great opportunity to meet important people. – *Das ist eine gute Gelegenheit, wichtige Leute kennenzulernen.*

profession [prəˈfeʃən]
der **Beruf**
→ Nicky is joining the nursing profession. – *Nicky geht in den Pflegedienst.*

responsible [rɪˈspɒn(t)səbl̩]
verantwortlich
→ Who is responsible for that? – *Wer ist dafür verantwortlich?*

success [səkˈses]
der **Erfolg**
→ She's had a lot of success in the last couple of years. – *Sie war in den letzten Jahren sehr erfolgreich.*

take place
stattfinden
→ Where is the meeting taking place? – *Wo findet die Besprechung statt?*

train [treɪn]
ausbilden,
sich ausbilden lassen
→ Stella is being trained to be a bus driver. – *Stella macht eine Ausbildung als Busfahrerin.*

training [ˈtreɪnɪŋ]
die **Ausbildung,**
die **Schulung**
→ Our firm takes staff training very seriously. – *Unsere Firma nimmt Personalschulungen sehr ernst.*

unemployed [ˌʌnɪmˈplɔɪd]
arbeitslos
→ He was unemployed for six months before he got this job. – *Er war sechs Monate arbeitslos bevor er diesen Job bekam.*

urgent [ˈɜːdʒənt]
dringend
→ Can I speak to Mr Ellis please, it's urgent. – *Könnte ich bitte mit Mr. Ellis sprechen, es ist dringend.*

work [wɜːk]
arbeiten; die **Arbeit**
→ She works three days a week. – *Sie arbeitet drei Tage die Woche.*

work placement
das **Praktikum**
→ She had been doing a work placement at the hospital. – *Sie machte ein Praktikum im Krankenhaus.*

worker [ˈwɜːkəʳ]
der **Arbeiter,** die **Arbeiterin**
→ The street was full of office workers going home. – *Auf der Straße wimmelte es von Büroangestellten, die nach Hause gingen.*

workplace
der **Arbeitsplatz**
→ I'm so glad that smoking is no longer allowed at the workplace! – *Ich bin so froh, dass Rauchen am Arbeitsplatz jetzt verboten ist.*

SCHULE UND AUSBILDUNG

break [breɪk]
die **Pause**
→ The children couldn't go out during break because it was raining. – *Die Kinder konnten in der Pause nicht hinausgehen, da es regnete.*

class [klɑːs]
die **Klasse**
→ Her class is very small – only 12 pupils. – *Ihre Klasse ist sehr klein – nur 12 Schüler.*

continue [kənˈtɪnjuː]
fortfahren, weitermachen
→ We'll continue with unit 2. – *Wir machen mit Lektion 2 weiter.*

correct [kəˈrekt]
richtig
→ That's not quite correct. – *Das ist nicht ganz richtig.*

find out
herausfinden
→ I'd like to find out more about this course. – *Ich hätte gerne mehr Information zu diesem Kurs.*

finish [ˈfɪnɪʃ]
beenden; fertig sein
→ Have you finished your homework? – *Bist du mit den Hausaufgaben fertig?*

former [ˈfɔːməʳ]
ehemalig
→ He met his former maths teacher. – *Er hat seinen ehemaligen Mathelehrer getroffen.*

homework
die **Hausaufgabe**
→ Have you finished your history homework? – *Bist du mit deinen Hausaufgaben in Geschichte fertig?*

learn [lɜːn]
lernen
→ What did you learn in school today? – *Was hast du heute in der Schule gelernt?*

lesson [ˈlesən]
die **Unterrichtsstunde**
→ When's your first lesson? – *Wann hast du deine erste Stunde?*

letter [ˈletəʳ]
der **Buchstabe**
→ The alphabet has 26 letters. – *Das Alphabet besteht aus 26 Buchstaben.*

nursery school
der **Kindergarten**
→ Polly starts nursery school this summer. – *Polly geht ab diesen Sommer in den Kindergarten.*

playground
der **Schulhof**;
der **Spielplatz**
→ The playground was full of happy children. – *Auf dem Schulhof wimmelte es von fröhlichen Kindern.*

pupil [ˈpjuːpəl]
der **Schüler**, die **Schülerin**
→ How many pupils are there in each class? – *Wie viele Schüler sind in jeder Klasse?*

put down
aufschreiben
→ Put down your name on the list, please. – *Tragt euch bitte in die Liste ein.*

gymnasium ≠ Gymnasium

Anders als in Deutschland wird in einem **gymnasium** nicht das Hirn, sondern die Kondition trainiert. Das **gym**, wie es umgangssprachlich abgekürzt wird, steht für Turnhalle.

raise [reɪz]
heben
→ Raise your hands if you know the answer. – *Meldet euch, wenn ihr die Antwort wisst.*

result [rɪˈzʌlt]
das **Ergebnis;** die **Folge**
→ You will receive your exam results next week. – *Ihre Prüfungsergebnisse erhalten Sie nächste Woche.*

right [raɪt]
richtig
→ That's right. – *Das ist richtig.*

school [skuːl]
die **Schule**
→ She goes to school on the school bus. – *Sie fährt mit dem Schulbus zur Schule.*

school uniform
die **Schuluniform**
→ We didn't have to wear a school uniform. – *Wir mussten keine Schuluniform tragen.*

silence [ˈsaɪləns]
die **Ruhe**
→ Could I ask for silence please. – *Könnte ich bitte um Ruhe bitten.*

simple [ˈsɪmpl̩]
einfach
→ The questions were very simple. – *Die Fragen waren sehr einfach.*

student [ˈstjuːdənt]
der **Student,** die **Studentin**
→ He worked there as a law student. – *Er hat als Jurastudent dort gearbeitet.*

teach [tiːtʃ]
lehren, unterrichten
→ What subjects do you teach? – *Welche Fächer unterrichten Sie / unterrichtest du?*

teacher [ˈtiːtʃəʳ]
der **Lehrer,** die **Lehrerin**
→ Polly is very happy with her new maths teacher, Miss Hollings. – *Polly ist sehr glücklich über ihre neue Mathelehrerin, Frau Hollings.*

tutor [ˈtjuːtəʳ]
der **Nachhilfelehrer,** die **Nachhilfelehrerin**
→ Peter's tutor is quite nice. – *Peters Nachhilfelehrerin ist wirklich nett.*

university [ˌjuːnɪˈvɜːsəti]
die **Universität**
→ Which university did you study at? – *An welcher Universität haben Sie studiert?*

write [raɪt]
schreiben
→ We had to write a summary of the novel. – *Wir mussten den Roman zusammenfassen.*

IN DER GESELLSCHAFT LEBEN

FESTE UND FEIERTAGE

country [ˈkʌntri]
das **Land**
→ Which country do you come from? – *Aus welchem Land kommen Sie / kommst du?*

forbidden [fəˈbɪdən]
verboten
→ Smoking is forbidden in this restaurant. – *In diesem Restaurant ist das Rauchen verboten.*

free [friː]
frei
→ It's a free country, you can live where you want to. – *Es ist ein freies Land, man kann wohnen, wo man möchte.*

government [ˈgʌvənmənt]
die **Regierung**
→ The government should do more for the disabled. – *Die Regierung sollte mehr für Menschen mit Behinderungen tun.*

identity card, ID
der **(Personal)ausweis**
→ You will have to present your ID. – *Du wirst deinen Ausweis vorlegen müssen.*

information [ˌɪnfəˈmeɪʃən]
die **Auskunft;**
die **Information**
→ This website offers information on timetables and fares. – *Auf dieser Webseite finden Sie Informationen zu Fahrplänen und Fahrpreisen.*

nation [ˈneɪʃᵊn]
die **Nation**
→ How many nations are in the European Union? – *Wie viele Nationen sind in der Europäischen Union?*

peace [piːs]
der **Frieden**
→ Peace on earth! – *Friede auf Erden!*

people [ˈpiːpl̩]
das **Volk**
→ The people want a change of government. – *Das Volk will einen Regierungswechsel.*

police [pəˈliːs]
die **Polizei**
→ Someone phoned the police and they were there in five minutes. – *Jemand hat die Polizei angerufen und sie waren in fünf Minuten da.*

police officer
der **Polizist**, die **Polizistin**
→ The police officer took our details. – *Der Polizist hat unsere Personalien aufgenommen.*

police woman
die **Polizistin**
→ A police woman showed me the way. – *Eine Polizistin hat mir den Weg beschrieben.*

politics [ˈpɒlətɪks]
die **Politik**
→ She went into politics straight after university. – *Sie ging gleich nach dem Studium in die Politik.*

public [ˈpʌblɪk]
öffentlich; die **Öffentlichkeit**
→ There's no public transport at this time of night. – *Nachts um diese Zeit fährt kein öffentlicher Nahverkehr.*

registration [ˌredʒɪˈstreɪʃən]
die **Anmeldung**
→ There's a registration fee of five pounds. – *Es gibt eine Anmeldegebühr von fünf Pfund.*

right [raɪt]
das **Recht**
→ Please respect my right for privacy – *Bitte respektieren Sie mein Recht auf Privatsphäre.*

state [steɪt]
der **Staat**; der **Zustand**
→ There are 28 member states in the EU. – *Die EU hat 28 Mitgliedsstaaten.*

tax [tæks]
die **Steuer**
→ The price doesn't include tax. – *Im Preis ist die Steuer nicht enthalten.*

war [wɔːʳ]
der **Krieg**
→ The church was destroyed during the war and then rebuilt. – *Die Kirche wurde im Krieg zerstört und dann wieder aufgebaut.*

celebrate [ˈseləbreɪt]
feiern
→ How do you want to celebrate your birthday this year? – *Wie möchtest du dieses Jahr deinen Geburtstag feiern?*

Christmas [ˈkrɪs(t)məs]
Weihnachten
→ What are you doing for Christmas? – *Was macht ihr an Weihnachten?*

Christmas Day
der **erste Weihnachtsfeiertag**
→ Christmas Day is on December 25th. – *Der erste Weihnachtsfeiertag ist der 25. Dezember.*

Christmas Eve
der **Heiligabend**
→ The office is closed on Christmas Eve. – *Das Büro bleibt an Heiligabend geschlossen.*

Easter [ˈiːstəʳ]
Ostern
→ We're going skiing over Easter. – *Wir gehen an Ostern Ski fahren.*

God [gɒd]
der **Gott**
→ Do you believe in God? – *Glaubst du an Gott?*

holiday [ˈhɒlədeɪ]
der **Feiertag**
→ St. Patrick's Day is a holiday in Ireland. – *Der St. Patrick's Day ist in Irland ein Feiertag.*

New Year
das **Neujahr**
→ Happy New Year! – *Frohes neues Jahr!*

New Year's Eve
das **Silvester**
→ I am looking forward to your New Year's Eve party. – *Ich freue mich schon auf deine Silvesterparty.*

party [ˈpɑːti]
die **Party,** die **Feier**
→ I am having a party tonight, are you coming? – *Ich mache heute Abend eine Party; kommst du auch?*

INTERNET, TELEFON UND COMPUTER

POST UND E-MAIL

PRESSE, RADIO UND FERNSEHEN

INTERNET, TELEFON UND COMPUTER

answer ['ɑːnsəʳ]
antworten; die **Antwort**
→ No one answered the phone. – *Niemand ging ans Telefon.*

busy ['bɪzi]
besetzt
→ The line was always busy. – *Die Leitung war immer besetzt.*

call [kɔːl]
anrufen
→ Call me on my mobile. – *Rufen Sie / Ruf mich auf meinem Handy an.*

computer [kəm'pjuːtəʳ]
der **Computer**
→ My new computer is much faster than the old one. – *Mein neuer Computer ist viel schneller als der alte.*

hang up
aufhängen
(auch Telefonhörer)
→ He hung up on me! – *Er hat einfach aufgelegt!*

hold on
warten
→ Hold on a moment please, I'll connect you. – *Warten Sie bitte einen Moment, ich verbinde.*

Internet ['ɪntənet]
das **Internet**
→ I booked my flight over the internet. – *Ich habe meinen Flug im Internet gebucht.*

mobile (phone)
['məʊbaɪl (fəʊn)]
das **Mobiltelefon**
→ Call me on my mobile phone when you get there. – *Ruf mich auf dem Handy an, wenn du angekommen bist.*

handy ≠ Handy

Der **handy man** ist nicht etwa der Fachverkäufer im Mobilfunkgeschäft, sondern der Handwerker. Und sagen Sie bitte nicht: **where's my handy?**, wenn Sie Ihr Handy vermissen, sondern **where's my mobile?**

(phone) number
die **(Telefon)nummer**
→ What number should I dial? – *Welche Nummer soll ich wählen?*

phone [fəʊn]
anrufen; das **Telefon**
→ I phoned Jane last night but she wasn't there. – *Ich habe Jane gestern Abend angerufen aber sie war nicht da.*

pick up
abnehmen (Telefonhörer); **aufheben**
→ He picked up the phone too late. – *Er nahm das Telefon zu spät ab.*

telephone [ˈtelɪfəʊn]
telefonieren;
das **Telefon**
→ My telephone hasn't stopped ringing today! – *Mein Telefon hört heute gar nicht mehr auf zu klingeln!*

POST UND E-MAIL

(post)card [(ˈpəʊst)kɑːd]
die **(Post)karte**
→ Don't forget to send me a card from Spain. – *Vergiss nicht, mir eine Karte aus Spanien zu schicken.*

email [ˈiːmeɪl]
die **E-Mail**
→ Did you get my email? – *Hast du meine E-Mail bekommen?*

email-address
die **E-Mail-Adresse**
→ Give me your email-address before you go. – *Gib mir deine E-Mail-Adresse bevor du gehst.*

letter [ˈletəʳ]
der **Brief**
→ I wrote you a letter. – *Ich habe dir einen Brief geschrieben.*

post office
die **Post**
→ I have to go to the post office for some stamps. – *Ich muss zur Post gehen, um Briefmarken zu kaufen.*

stamp [stæmp]
die **Briefmarke**
→ I need some stamps for my postcards. – *Ich brauche Briefmarken für meine Postkarten.*

text [tekst]
die **SMS**,
eine SMS schreiben
→ Did you get my text? – *Hast du meine SMS bekommen?*

PRESSE, RADIO UND FERNSEHEN

film [fɪlm]
der **Film**
→ What's the film about? – *Worum geht es in dem Film?*

news [nju:z]
die **Nachrichten;**
die **Neuigkeiten**
→ Have you heard the news on the radio? – *Hast du die Nachrichten im Radio gehört?*

newspaper
die **Zeitung**
→ I read about it in the newspaper. – *Ich habe darüber in der Zeitung gelesen.*

programme [ˈprəʊgræm]
die **Sendung,**
das **Programm**
→ I love this programme. – *Ich liebe diese Sendung.*

radio [reɪdiəʊ]
das **Radio**
→ When I wake up I turn on the radio. – *Wenn ich aufwache, mache ich das Radio an.*

television, TV
[ˈtelɪvɪʒən, ˌti:ˈvi:]
der **Fernseher**
→ Is there anything good on TV tonight? – *Kommt heute Abend irgendwas Gutes im Fernsehen?*

turn on / off
ein- / ausschalten
→ Turn it off an let's play a game. – *Mach aus und lass uns ein Spiel spielen.*

watch [wɒtʃ]
sehen
→ I'd like to watch the news. – *Ich würde gerne die Nachrichten sehen.*

MIT ÖFFENTLICHEN VERKEHRSMITTELN

IM STRASSENVERKEHR

AUF REISEN

MIT ÖFFENTLICHEN VERKEHRS-MITTELN

bus [bʌs]
der **Bus**
→ I take the bus to work. – *Ich fahre mit dem Bus zur Arbeit.*

bus stop
die **Bushaltestelle**
→ We waited at the bus stop but the bus didn't come. – *Wir warteten an der Bushaltestelle, aber der Bus kam nicht.*

get off
aussteigen
→ We have to get off at the next stop. – *Wir müssen an der nächsten Haltestelle aussteigen.*

get on
einsteigen
→ Quick, get on the bus! – *Schnell, steig in den Bus ein!*

miss [mɪs]
vermissen, verpassen
→ We missed the bus and had to wait thirty minutes for the next one. – *Wir haben den Bus verpasst und mussten dreißig Minuten auf den nächsten warten.*

platform [ˈplætfɔːm]
das **Gleis**
→ The train to Southampton leaves from platform 2. – *Der Zug nach Southampton fährt auf Gleis 2.*

railway [ˈreɪlweɪ]
die **Bahn**
→ The railway station is down this street on your right. – *Der Bahnhof ist diese Straße runter auf der rechten Seite.*

seat [siːt]
der **Platz**
→ Excuse me, I think you're sitting in my seat. – *Entschuldigung, ich glaube, Sie sitzen auf meinem Platz.*

stop [stɒp]
die **Haltestelle**
→ This is our stop. – *Hier müssen wir aussteigen.*

take [teɪk]
nehmen; mitnehmen
→ Which train are you taking? – *Welchen Zug nimmst du?*

ticket [ˈtɪkɪt]
das **Ticket**, die **Fahrkarte**
→ You need to buy a ticket. – *Du musst eine Fahrkarte kaufen.*

train [treɪn]
der **Zug**
→ Are you going by train? - *Fahren Sie mit dem Zug?*

train station
der **Bahnhof**
→ This bus will take you to the train station. - *Dieser Bus fährt zum Bahnhof.*

tram [træm]
die **Straßenbahn**
→ The last tram home is at ten past midnight. - *Die letzte Straßenbahn nach Hause fährt um zehn nach Mitternacht.*

underground [ˈʌndəˌgraʊnd]
die **U-Bahn**
→ You can take the underground from the airport to the city centre. - *Du kannst mit der U-Bahn vom Flughafen in die Stadtmitte fahren.*

wait [weɪt]
warten
→ We have to wait for the next bus. - *Wir müssen auf den nächsten Bus warten.*

IM STRASSENVERKEHR

accident [ˈæksɪdənt]
der **Unfall**
→ There was a serious accident on the motorway. - *Es gab einen schweren Unfall auf der Autobahn.*

bicycle, bike [ˈbaɪsɪkl̩, baɪk]
das **Fahrrad**
→ We could go for a bike ride along the coast. - *Wir könnten eine Fahrradtour entlang der Küste machen.*

broken [ˈbrəʊkən]
kaputt
→ My car is broken, I have to find a garage. - *Mein Auto ist kaputt, ich muss eine Werkstatt finden.*

car [kɑːʳ]
das **Auto**
→ It's very remote so we'll have to go by car. - *Es ist sehr abgelegen, also müssen wir mit dem Auto fahren.*

tow (away) [təʊ]
abschleppen

petrol can
der **Benzinkanister**

spare wheel
das **Ersatzrad**

emergency telephone
die **Notrufsäule**

breakdown [ˈbreɪkdaʊn]
die **Panne**

breakdown service
der **Pannendienst**

first-aid kit
der **Verbandskasten**

jack [dʒæk]
der **Wagenheber**

hazard warning lights
die **Warnblinkanlage**

warning triangle
das **Warndreieck**

tools [tu:lz]
das **Werkzeug**

roundabout
der **Kreisverkehr**

crossroads
die **Kreuzung**

motorway
die **Autobahn**

car park
der **Parkplatz**
→ There's a car park at the back of the hotel. – *Es gibt einen Parkplatz hinter dem Hotel.*

drive [draɪv]
(Auto) fahren
→ Remember to drive on the left in the UK. – *Denken Sie / Denk daran, dass man in Großbritannien links fährt.*

driving licence
der **Führerschein**
→ The policeman asked for my driving licence. – *Der Polizist wollte meinen Führerschein sehen.*

lorry [ˈlɒri]
der **LKW**
→ There were many lorries on the road. – *Viele LKWs waren unterwegs.*

motorbike
das **Motorrad**
→ He didn't see the motorbike coming. – *Er hat das Motorrad nicht kommen sehen.*

motorway
die **Autobahn**
→ We drove on the motorway for most of the journey. – *Wir sind die meiste Strecke auf der Autobahn gefahren.*

park [pɑːk]
parken
→ We went for a walk in the park. – *Wir haben einen Spaziergang im Park gemacht.*

parking space
der **Parkplatz**
→ Parking spaces are rare in this part of town. – *In diesem Stadtteil gibt es kaum Parkplätze.*

petrol [ˈpetrəl]
das **Benzin**
→ I need to fill the car up with petrol. – *Ich muss tanken.*

petrol station
die **Tankstelle**
→ The nearest petrol station is on Blackwell Street. – *Die nächste Tankstelle ist auf der Blackwell Street.*

road [rəʊd]
die **Straße**
→ At the end of the road was a lovely park. – *Am Straßenende war ein schöner Park.*

sign [saɪn]
das **Schild**
→ Follow the signs to Bristol. – *Folgen Sie den Schildern nach Bristol.*

stop [stɒp]
anhalten
→ Could you stop, please? I feel rather sick. – *Könntest du bitte anhalten? Mir ist echt schlecht.*

street [striːt]
die **Straße**
→ Look left and right, before you cross the street. – *Schaue nach links und rechts, bevor du die Straße überquerst.*

traffic [ˈtræfɪk]
der **Verkehr**
→ The traffic on the way here was terrible. – *Der Verkehr auf der Fahrt hierher war furchtbar.*

traffic light
die **Ampel**
→ She stopped at the traffic light. – *Sie hielt an der Ampel an.*

turn [tɜːn]
abbiegen
→ Turn left at the traffic light. – *An der Ampel links abbiegen.*

wheel [wiːl]
das **Rad**
→ Do you know how to change a wheel? – *Weißt du wie man ein Rad wechselt?*

abroad [ə'brɔːd]
das **Ausland**
→ Shall we go abroad this summer? – *Sollen wir diesen Sommer ins Ausland fahren?*

airport
der **Flughafen**
→ This train goes to Heathrow Airport. – *Dieser Zug fährt zum Flughafen Heathrow.*

arrival [ə'raɪvəl]
die **Ankunft**
→ What's your arrival time? – *Was ist deine Ankunftszeit?*

arrive [ə'raɪv]
ankommen
→ I'm arriving at 10:15 a.m. – *Ich komme um 10:15 Uhr an.*

baggage ['bægɪdʒ]
das **Gepäck**
→ Do not leave your baggage unattended. – *Lassen Sie Ihr Gepäck nicht unbeaufsichtigt.*

book [bʊk]
buchen, reservieren
→ Have you booked your flights yet? – *Hast du schon deine Flüge gebucht?*

bridge [brɪdʒ]
die **Brücke**
→ There are lots of bridges in this city. – *In dieser Stadt gibt es viele Brücken.*

carry ['kæri]
tragen
→ Shall I carry your suitcase, sir? – *Soll ich Ihnen Ihren Koffer tragen?*

change [tʃeɪndʒ]
umsteigen; ändern
→ You have to change trains at Clapham. – *Du musst in Clapham umsteigen.*

check in
einchecken
→ We have to check in two hours before. – *Wir müssen zwei Stunden vorher einchecken.*

church [tʃɜːtʃ]
die **Kirche**
→ We always go to church on Christmas Eve. – *Wir gehen Heiligabend immer in die Kirche.*

city ['sɪti]
die **Stadt**
→ You should see the city lit up at night – it's beautiful. – *Du solltest mal sehen, wie die Stadt nachts beleuchtet ist – es ist wunderschön!*

come back
zurückkommen
→ When are you coming back? – *Wann kommt ihr wieder zurück?*

country ['kʌntri]
das **Land**
→ He has already traveled to many countries of Asia. – *Er hat schon sehr viele Länder Asiens bereist.*

depart [dɪ'pɑ:t]
abfahren
→ The train departs at eight fifteen. – *Der Zug fährt ab um acht Uhr fünfzehn.*

departure [dɪ'pɑ:tʃəʳ]
die **Abfahrt**; der **Abflug**
→ What's the departure time? – *Wann ist die Abflugzeit?*

farm [fɑ:m]
der **Bauernhof**
→ You can buy milk and eggs at the farm. – *Man kann Milch und Eier auf dem Bauernhof kaufen.*

hotel [hə(ʊ)'tel]
das **Hotel**

pension ['pen(t)ʃən]
die **Pension**

holiday home
das **Ferienhaus**

holiday flat
die **Ferienwohnung**

reservation [ˌrezə'veɪʃən]
die **Reservierung**

half/full board
die **Voll-/Halbpension**

reception [rɪ'sepʃən]
die **Rezeption**

key [ki:]
der **Schlüssel**

room [ru:m]
das **Zimmer**

ferry ['feri]
die **Fähre**
→ We went on the ferry to Rothesay. – *Wir sind mit der Fähre nach Rothesay gefahren.*

fly [flaɪ]
fliegen
→ Which airline will you be flying with? – *Mit welcher Fluglinie fliegst du?*

follow [ˈfɒləʊ]
folgen
→ Follow the signs for Gatwick Airport. – *Folgen Sie der Beschilderung nach Gatwick Airport.*

guide [gaɪd]
der **Reiseführer** (Buch)
→ Have you seen my guide to Greece? – *Hast du meinen Griechenland-Reiseführer gesehen?*

hire [haɪəʳ]
mieten
→ We'll hire a car at the airport. – *Wir werden am Flughafen ein Auto mieten.*

holiday [ˈhɒlədeɪ]
der **Urlaub**
→ Where are you going on holiday this year? – *Wohin fahrt ihr dieses Jahr in Urlaub?*

holidays
Ferien
→ What are you doing in the school holidays? – *Was machst du in den Schulferien?*

journey [ˈdʒɜːni]
die **Reise**
→ Have a safe journey! – *Gute Reise!*

leave [liːv]
verlassen, losfahren
→ When did you leave? – *Wann seid ihr losgefahren?*

lost [lɒst]
verloren; verlaufen
→ We got lost and didn't have a map. – *Wir haben uns verlaufen und hatten keine Karte.*

map [mæp]
der **(Stadt)plan**
→ Have you got a map of York? – *Haben Sie einen Stadtplan von York?*

passport [ˈpɑːspɔːt]
Reisepass
→ My passport runs out in May. – *Mein Reisepass läuft im Mai ab.*

pick up
abholen
→ Could you pick me up at the airport, please? – *Könntest du mich bitte vom Flughafen abholen?*

plane [pleɪn]
das **Flugzeug**
→ The plane is ready for take-off. – *Das Flugzeug ist startbereit.*

rent [rent]
mieten
→ Last summer we rented a cottage in France. – *Letzten Sommer haben wir uns ein Häuschen in Frankreich gemietet.*

reservation [ˌrezəˈveɪʃᵊn]
die **Reservierung**
→ Have you made / Do you have a reservation? – *Haben Sie reserviert?*

return [rɪˈtɜːn]
zurückkehren
→ She returned from her holidays earlier than we'd expected. – *Sie kam früher aus dem Urlaub zurück, als wir erwartet hatten.*

route [ruːt]
die **Strecke**, die **Route**
→ Which route shall we take? – *Welche Route sollen wir nehmen?*

rucksack [ˈrʌksæk]
der **Rucksack**
→ I can't fit everything into my rucksack. – *Ich kriege nicht alles in meinen Rucksack.*

show [ʃəʊ]
zeigen
→ A guide showed us around the castle. – *Ein Führer zeigte uns das Schloss.*

sign [saɪn]
das **Schild**; das **Zeichen**
→ What does this sign say? – *Was steht auf diesem Schild?*

spend [spend]
verbringen
→ Last summer we spent a fortnight in Florida. – *Letzten Sommer waren wir zwei Wochen in Florida.*

square [skweəʳ]
der **Platz**
→ There's a pleasant square at the end of our street. – *Am Ende unserer Straße ist ein schöner Platz.*

station [ˈsteɪʃən]
der **Bahnhof**
→ Shall I drop you off at the station? – *Soll ich dich am Bahnhof rauslassen?*

stay [steɪ]
bleiben; der **Aufenthalt**
→ How long will you be staying? – *Wie lange werdet ihr bleiben?*

suitcase
der **Koffer**
→ Have you packed your suitcase? – *Hast du deinen Koffer gepackt?*

town [taʊn]
die **Stadt**
→ Guildford is a charming little town. – *Guildford ist eine nette kleine Stadt.*

trip [trɪp]
die **Fahrt,** die **Reise**
→ I'm looking forward to my trip to Japan. – *Ich freue mich schon auf meine Japanreise.*

village [ˈvɪlɪʤ]
das **Dorf**
→ They live in a small village in the south of France. – *Sie leben in einem kleinen Dorf in Südfrankreich.*

way [weɪ]
der **Weg;** die **Art**
→ Is this the way to the Station? – *Ist das der Weg zum Bahnhof?*

world [wɜːld]
die **Welt**
→ He's been all around the world. – *Er ist überall auf der Welt gewesen.*

DIE GRUNDZAHLEN

DIE ORDNUNGSZAHLEN

MENGEN UND GEWICHTE

DIE GRUNDZAHLEN

number [ˈnʌmbəʳ]
die **Zahl,** die **Nummer**
→ Fifteen is my lucky number. – *Fünfzehn ist meine Glückszahl.*

zero [zɪərəʊ]
null

one [wʌn]
ein(s), eine(r, n)

two [tu:]
zwei

three [θri:]
drei

four [fɔ:r]
vier

five [faɪv]
fünf

six [sɪx]
sechs

seven [ˈsevən]
sieben

eight [eɪt]
acht

nine [naɪn]
neun

ten [ten]
zehn

eleven [ɪ'levən]
elf

twelve [twelv]
zwölf

thirteen [θɜ:'ti:n]
dreizehn

fourteen [ˌfɔ:'ti:n]
vierzehn

fifteen [fɪf'ti:n]
fünfzehn

sixteen [ˌsɪk'sti:n]
sechzehn

seventeen [ˌsevən'ti:n]
siebzehn

eighteen [eɪ'ti:n]
achtzehn

nineteen [ˌnaɪn'ti:n]
neunzehn

twenty [ˈtwenti]
zwanzig

twenty-one [ˌtwenti'wʌn]
einundzwanzig

twenty-two [ˌtwenti'tu:]
zweiundzwanzig

thirty [ˈθɜ:ti]
dreißig

thirty-one [ˌθɜːtiˈwʌn]
einunddreißig

forty [ˈfɔːti]
vierzig

fifty [ˈfɪfti]
fünfzig

sixty [ˈsɪksti]
sechzig

seventy [ˈsevənti]
siebzig

eighty [ˈeɪti]
achtzig

ninety [ˈnaɪnti]
neunzig

hundred [ˈhʌndrəd]
hundert

thousand [ˈθaʊzənd]
tausend

million [ˈmɪljən]
Million

DIE ORDNUNGSZAHLEN

first [fɜːst]
erste(r, s), zuerst

second [ˈsekənd]
zweite(r, s)

third [θɜːd]
dritte(r, s)

fourth [fɔːθ]
vierte(r, s)

fifth [fɪfθ]
fünfte(r, s)

sixth [sɪksθ]
sechste(r, s)

seventh [sevən(t)θ]
siebte(r, s)

eighth [eɪtθ]
achte(r, s)

ninth [naɪn(t)θ]
neunte(r, s)

tenth [ten(t)θ]
zehnte(r, s)

MENGEN UND GEWICHTE

all [ɒ:l]
alle, alles; ganz, völlig
→ Can you eat all of that? – *Kannst du das alles essen?*

amount [əˈmaʊnt]
die **Menge**
→ It was only a small amount. – *Es war nur eine kleine Menge.*

another [əˈnʌðəʳ]
noch ein(e), ein(e) andere(r, s)
→ I'd love another piece of cake. – *Ich nehme gerne noch ein Stück Kuchen.*

any [eni]
etwas, einige, irgend-
→ Is there any cake left? – *Ist noch etwas Kuchen übrig?*

bit [bɪt]
bisschen
→ Could I have a little bit more wine please? – *Könnte ich ein bisschen mehr Wein haben, bitte?*

count [kaʊnt]
zählen
→ There's ten of us if you count the children. – *Wenn du die Kinder mitzählst, sind wir zehn.*

couple [ˈkʌpl̩]
ein paar
→ We had a couple of beers. – *Wir haben ein paar Bier getrunken.*

enough [ɪˈnʌf]
genug
→ There's not enough room for everyone. – *Da ist nicht genug Platz für alle.*

extra [ˈekstrə]
zusätzlich; Ersatz-
→ Take some extra clothes with you just in case. – *Nimm vorsichtshalber noch Ersatzkleidung mit.*

few [fju:]
wenige; ein paar
→ I'm going to Paris for a few days. – *Ich fahre für ein paar Tage nach Paris.*

half [hɑ:f]
halb; die **Hälfte**
→ You can have half of my sandwich. – *Du kannst die Hälfte von meinem Brot haben.*

kilo(gram) [ˈkɪlə(græm)]
das **Kilo(gramm)**
→ I need a kilo of ripe tomatoes. – *Ich brauche ein Kilo reife Tomaten.*

less [les]
weniger
→ This wine is less expensive but it tastes just as good. – *Dieser Wein ist weniger teuer, schmeckt aber genauso gut.*

litre [ˈliːtəʳ]
der **Liter**
→ I try to drink 3 litres a day. – *Ich versuche 3 Liter am Tag zu trinken.*

little [ˈlɪtl̩]
wenig; klein
→ A little exercise would be good for you. – *Ein wenig Sport wäre gut für dich.*

lot [lɒt]
viel
→ She's had a lot of trouble with her car. – *Sie hat viel Ärger mit ihrem Auto gehabt.*

many [ˈmeni]
viele
→ How many tomatoes would you like? – *Wie viele Tomaten möchten Sie?*

more [mɔːʳ]
mehr
→ The more she ate, the more hungry she got. – *Je mehr sie aß, desto hungriger wurde sie.*

most [məʊst]
meiste(r, s), am meisten; äußerst
→ Most people enjoy going on holiday. – *Die meisten Leute fahren gerne in Urlaub.*

much [mʌtʃ]
viel
→ That's too much. – *Das ist zu viel.*

none [nʌn]
keine(r, s)
→ The party was so good that none of us wanted to leave. – *Die Party war so gut, dass keiner von uns gehen wollte.*

not any
kein
→ I'm sorry, I haven't got any change. – *Tut mir leid, ich habe kein Wechselgeld.*

only [ˈəʊnli]
nur; einige(r, s)
→ There's only one more left. – *Es ist nur noch eins übrig.*

part [pɑːt]
der **Teil**
→ This puzzle has 1200 parts. – *Dieses Puzzle besteht aus 1200 Teilen.*

pint [paɪnt]
Flüssigkeitsmaß
(GB = 0,568 l, USA = 0,473 l)
→ I'll have a pint of lager please. – *Ich hätte gerne eine Halbe/ein großes Bier bitte.*

pound [paʊnd]
das **Pfund**
→ If you buy two pounds of these apples, you get the third pound free. – *Wenn Sie zwei Pfund von diesen Äpfeln kaufen, bekommen Sie das dritte Pfund umsonst.*

several [ˈsevərəl]
mehrere
→ I've seen this film several times. – *Den Film habe ich schon mehrere Male gesehen.*

some [sʌm]
etwas, ein bisschen, ein paar, einige
→ Some good friends of mine are coming round tonight. – *Ein paar gute Freunde von mir kommen heute Abend vorbei.*

ARTIKEL

a [eɪ, ə]
ein(e) (vor gesprochenen Konsonanten)
→ There's a car coming. – *Es kommt ein Auto.*

an [æn]
ein(e) (vor gesprochenen Vokalen)
→ I'd like an apple please. – *Ich hätte gerne einen Apfel bitte.*

the [ðə, ði]
der, die, das; je ...
→ The sooner you go the better. – *Je früher du gehst, desto besser.*

MODAL- UND HILFSVERBEN

can [kæn]
können
→ I can say hello in ten languages. – *Ich kann in zehn Sprachen hallo sagen.*

could [kʊd, kəd]
könnte; konnte
→ Could you help me, please? – *Könntest du mir bitte helfen?*

have to
müssen
→ We have to go now. – *Wir müssen jetzt gehen.*

may [meɪ]
darf, dürfen: könnte
→ May I have another piece of cake(, please)? – *Könnte ich (bitte) noch ein Stück Kuchen haben?*

might [maɪt]
könnte (vielleicht)
→ That might be a problem. – *Das könnte ein Problem sein.*

must [mʌst]
müssen
→ I must go to the bank. – *Ich muss unbedingt zur Bank gehen.*

need [ni:d]
brauchen; müssen
→ I need your help. – *Ich brauche Ihre Hilfe.*

ought to [ˈɔ:ttu:]
sollte (eigentlich)
→ I ought to go or I'll miss the train. – *Ich sollte jetzt gehen, sonst verpasse ich den Zug.*

shall [ʃæl]
sollen; werden
→ What shall we tell the parents? – *Was sollen wir den Eltern erzählen?*

should [ʃʊd]
sollte
→ You should have taken your jacket. – *Du hättest deine Jacke nehmen sollen.*

will [wɪl]
werden
(bei der Futurbildung)
→ Will you be staying for dinner? – *Werden Sie zum Essen bleiben?*

would [wʊd]
würde; möchte
→ Would you like to come too? – *Würdest Du gerne mitkommen?*

PERSONAL- UND POSSESSIV-PRONOMEN

I [aɪ]
ich
→ I come from Wales. – *Ich komme aus Wales.*

me [mi:]
mich
→ He looked at me. – *Er sah mich an.*

you [ju:]
du; Sie; ihr
→ Do you smoke? – *Rauchen Sie?*

he [hi:]
er
→ He wants to come too. – *Er möchte auch mitkommen.*

him [hɪm]
ihm, ihn
→ When you see Scott, give him this letter. – *Wenn du Scott siehst, gib ihm diesen Brief.*

she [ʃi:, ʃi]
sie
→ He phoned Iris but she wasn't home. – *Er rief Iris an, aber sie war nicht zu Hause.*

her [hɜ:ʳ]
ihr
→ She held on to her hat. – *Sie hielt ihren Hut fest.*

it [ɪt]
es; ihn; sie
→ I washed an apple and ate it. – *Ich habe einen Apfel gewaschen und ihn gegessen.*

we [wiː]
wir
→ We are going on holiday next week. – *Wir fahren nächste Woche in Urlaub.*

us [ʌs]
uns
→ She visited us last week. – *Sie hat uns letzte Woche besucht.*

they [ðeɪ]
sie
→ Where are Bill and Tom? – They've gone home. – *Wo sind Bill und Tom? – Sie sind nach Hause gegangen.*

them [ðem]
sie, ihnen
→ Where are my keys? – I gave them to you just now. – *Wo sind meine Schlüssel? – Ich habe sie dir eben gegeben.*

my [maɪ]
mein
→ This is my friend Rupert. – *Das ist mein Freund Rupert.*

mine [maɪn]
meine(r, s)
→ Whose is this book? – It's mine. – *Wem gehört dieses Buch? – Es ist meins.*

your [jɔːʳ]
dein; Ihr; euer
→ You can give me your jackets. – *Ihr könnt mir eure Jacken geben.*

yours [jɔːz]
deine(r, s); Ihre(r, s); euere(r, s)
→ Is this bag yours or mine? – *Ist diese Tasche deine oder meine?*

hers [hɜːz]
ihre(r, s)
→ Patty is a good friend of hers. – *Patty ist eine gute Freundin von ihr.*

his [hɪz]
sein; seine(r, s)
→ Mark has left his jacket behind – do you know if this is his? – *Mark hat seine Jacke vergessen – weißt du, ob das seine ist?*

its [ɪts]
sein
→ Brighton is a lively city – its nightlife is said to be fantastic . – *Brighton ist eine lebhafte Stadt – das Nachtleben soll fantastisch sein.*

our [aʊəʳ]
unser
→ Our son lives in France. – *Unser Sohn lebt in Frankreich.*

ours [aʊəz]
unsere(r, s)
→ Whose car is that standing outside? – Oh, it's ours. – *Wessen Auto steht da draußen? – Oh, das ist unseres.*

their [ðeəʳ]
ihr
→ They sold their house. – *Sie haben ihr Haus verkauft.*

theirs [ðeəz]
ihre(r, s)
→ Our hotel room is next to theirs. – *Unser Hotelzimmer ist neben ihrem.*

PRONOMEN

anyone, anybody [ˈeniwʌn, ˈeniˌbɒdi]
(irgend)jemand
→ Would anyone like to come along? – *Mag jemand mitkommen?*

anything [ˈeniθɪŋ]
(irgend)etwas
→ I don't want anything for Christmas – *Ich wünsche mir nichts zu Weihnachten.*

each [iːtʃ]
jede(r, s), je
→ They cost twenty pounds each. – *Sie kosten je zwanzig Pfund.*

else [els]
sonst (noch); anders
→ Does anyone else want an ice cream? – *Mag sonst noch jemand ein Eis?*

every [ˈevri]
jede(r, s)
→ We play badminton every Monday night. – *Wir spielen jeden Montagabend Badminton.*

everybody, everyone [ˈevriˌbɒdi, ˈevriwʌn]
jede(r); alle
→ When I got there everyone was already leaving. – *Als ich ankam, waren alle schon am Aufbrechen.*

everything [ˈevriθɪŋ]
alles
→ He eats everything but lamb. – *Er isst alles außer Lammfleisch.*

nobody, no one [ˈnəʊbədi, ˈnəʊwʌn]
niemand
→ I rang the bell but no one answered the door. – *Ich habe geklingelt, aber es kam niemand zur Tür.*

nothing [ˈnʌθɪŋ]
nichts
→ What did you buy? – Nothing. – *Was hast du gekauft? – Nichts.*

someone [ˈsʌmwʌn]
jemand
→ Can someone please pick up the phone? – *Könnte jemand bitte ans Telefon gehen?*

something [ˈsʌmθɪŋ]
etwas
→ There's something else you should know. – *Da gibt es noch etwas, was du wissen solltest.*

that [ðæt]
das (da/dort)
→ That's the man that helped me yesterday. – *Das ist der Mann, der mir gestern geholfen hat.*

these [ði:z]
diese (hier)
→ Do you like these flowers? – *Magst du diese Blumen?*

this [ðɪs]
dies, diese(r, s), das (hier)
→ This is my favourite restaurant. – *Dies ist mein Lieblingsrestaurant.*

those [ðəʊz]
die dort drüben, jene
→ Those shoes will go nice with this skirt. – *Die Schuhe (dort drüben) passen gut zu diesem Rock.*

what [wɒt]
was
→ What's that? – *Was ist das?*

where [weəʳ]
wo, wohin
→ Where are you going? – *Wo gehst/fährst du hin?*

which [wɪtʃ]
welche(r, s)
→ I don't know which skirt to wear. – *Ich weiß nicht, welchen Rock ich tragen soll.*

who [hu:]
wer
→ Who's the man standing over there? – *Wer ist der Mann da drüben?*

why [waɪ]
warum
→ Why don't you come and sit with us? – *Warum setzt du dich nicht zu uns?*

STELLUNG NEHMEN

absolutely [ˌæbsəˈluːtli]
völlig; absolut
→ It was absolutely wonderful. – *Es war absolut wunderbar.*

certainly [ˈsɜːtənli]
sicherlich, natürlich
→ Certainly not! – *Auf gar keinen Fall!*

completely [kəmˈpliːtli]
völlig
→ The concert was completely sold out. – *Das Konzert war komplett ausverkauft.*

definitely [ˈdefɪnətli]
bestimmt
→ I'm definitely coming over tonight. – *Heute Abend komme ich auf jeden Fall.*

especially [ɪˈspeʃəli]
besonders
→ I love apples, especially the red ones. – *Ich liebe Äpfel, besonders die roten Sorten.*

exactly [ɪgˈzæktli]
genau
→ What exactly was stolen? – *Was genau wurde gestohlen?*

hardly [ˈhɑːdli]
kaum
→ It was so dark, you could hardly see anything. – *Es war so dunkel, dass man kaum etwas sehen konnte.*

naturally [ˈnætʃərəli]
natürlich
→ Naturally, she felt a little bit jealous. – *Natürlich war sie ein wenig eifersüchtig.*

normally [ˈnɔːməli]
normalerweise
→ There's normally no traffic at this time. – *Normalerweise ist um diese Zeit kein Verkehr.*

obviously [ˈɒbviəsli]
offensichtlich
→ She obviously didn't like the food. – *Das Essen hat ihr offensichtlich nicht geschmeckt.*

probably [ˈprɒbəbli]
wahrscheinlich
→ You're probably right, she's not interested in Football. – *Wahrscheinlich hast du Recht, sie interessiert sich nicht für Fußball.*

quite [kwaɪt]
ganz, ziemlich
→ The portions were quite big. – *Die Portionen waren ziemlich groß.*

really [ˈrɪəli]
wirklich; eigentlich
→ Do you like salmon? – No, not really. – *Mögen Sie Lachs? – Nein, eigentlich nicht.*

STRUKTURWÖRTER

as [æz]
da, wie; als
→ She is as tall as Peter. – *Sie ist so groß wie Peter.*

even [ˈiːvən]
selbst, sogar; gerade
→ You could even take the train tomorrow. – *Du könntest sogar morgen mit dem Zug fahren.*

except [ɪkˈsept]
außer
→ The museum is open daily except Mondays. – *Das Museum ist täglich geöffnet außer montags.*

how [haʊ]
wie
→ She doesn't know how to cook. – *Sie kann nicht kochen.*

in case
falls; für den Fall
→ Take an umbrella with you in case it rains. – *Nimm einen Regenschirm mit, falls es regnet.*

maybe [ˈmeɪbi]
vielleicht
→ Maybe she's got the flu. – *Vielleicht hat sie die Grippe.*

not [nɒt]
nicht
→ He will not be coming. – *Er wird nicht kommen.*

other [ˈʌðəʳ]
andere(r, s)
→ Please use the other door. – *Bitte benutzen Sie die andere Tür.*

same [seɪm]
gleich
→ Jill is booked on the same flight as me. – *Jill ist auf dem gleichen Flug gebucht wie ich.*

such [sʌtʃ]
solche(r, s); so
→ It's such a nice day today. – *Es ist so ein schöner Tag heute.*

therefore [ˈðeəfɔːʳ]
also
→ Betty is ill, therefore she can't come. – *Betty ist krank, also kann sie nicht mitkommen.*

too [tuː]
auch
→ If you're going into town, I'd like to come too. – *Wenn du in die Stadt gehst, würde ich gerne mitkommen.*

used to
früher
→ I used to go fishing with my dad. – *Ich bin früher mit meinem Vater angeln gegangen.*

KONJUNKTIONEN

although [ɔːlˈðəʊ]
obwohl
→ Although we left early we still got there too late. – *Obwohl wir früh losgefahren sind, sind wir dennoch zu spät angekommen.*

and [ænd]
und
→ We met John, Mary and their two children. – *Wir haben John, Mary und ihre zwei Kinder getroffen.*

as if
als ob
→ It looks as if it's going to snow. – *Es sieht aus, als ob es schneien wird.*

because [bɪˈkɒz]
weil
→ Lucy won't be coming because she's ill. – *Lucy wird nicht kommen, weil sie krank ist.*

but [bʌt, bət]
aber, sondern
→ This car has been nothing but trouble. – *Dieses Auto hat nichts als Ärger gemacht.*

either ... or ... [ˈaɪðəʳ ... ɔːʳ ...]
entweder ... oder ...
→ You can have either beef or chicken. – *Sie können entweder Rindfleisch oder Hühnchen haben.*

if [ɪf]
wenn, ob
→ I'll go even if it's raining. – *Ich werde hingehen, selbst wenn es regnet.*

neither ... nor ... [ˈnaɪðəʳ ... nɔːʳ ...]
weder ... noch ...
→ Neither my husband nor my friends think I should go. – *Weder mein Mann noch meine Freunde denken, dass ich hingehen soll.*

or [ɔːʳ]
oder
→ Would you like coffee or tea? – *Möchten Sie Kaffee oder Tee?*

otherwise [ˈʌðəwaɪz]
sonst
→ I have to go otherwise I'll miss my train. – *Ich muss gehen, sonst verpasse ich meinen Zug.*

so [səʊ]
so; also
→ It was so great at the party, so I stayed a little longer. – *Es war so toll auf der Party, also blieb ich etwas länger.*

that [ðæt]
dass
→ Have you told him that you like him? – *Hast du ihm gesagt, dass du ihn magst?*

though [ðəʊ]
obwohl
→ He went for a run even though it was raining. – *Er ist Laufen gegangen, obwohl es geregnet hat.*

when [wen]
wann; als
→ When will you be home? – *Wann wirst du zu Hause sein?*

while [waɪl]
die **Weile; während**
→ The phone rang while you were out. – *Das Telefon hat geklingelt, während du weg warst.*

PRÄPOSITIONEN

about [əˈbaʊt]
etwa, ungefähr; über
→ A book about flowers. – *Ein Buch über Blumen.*

according to [əˈkɔːdɪŋ]
gemäß; laut
→ According to the weather forecast, it's going to rain. – *Laut Wetterbericht wird es regnen.*

against [əˈgenst]
gegen
→ He leant against the wall. – *Er lehnte sich gegen die Wand.*

because of
wegen
→ Oil prices will rise because of this war. – *Die Ölpreise werden steigen wegen diesem Krieg.*

between [bɪˈtwiːn]
zwischen
→ Traffic is worst between 7 and 8 a.m.. – *Der Verkehr ist zwischen 7 und 8 Uhr am schlimmsten.*

by [baɪ]
an; in der Nähe von, bei
→ He grabbed me by the arm. – *Er packte mich am Arm.*

due to
wegen, aufgrund
→ The flight was cancelled due to the bad weather. – *Der Flug wurde aufgrund der schlechten Wetterbedingungen gestrichen.*

for [fɔːʳ, fəʳ]
für, denn; seit
→ They've been gone for a long time. – *Sie sind schon lange weg.*

from [frɒm]
von, aus
→ Where do you come from? – I come from Scotland. – *Woher kommen Sie? – Ich komme aus Schottland.*

instead of
statt
→ I'd like a baked potato instead of chips please. – *Ich hätte gerne statt Pommes frites eine Ofenkartoffel, bitte.*

like [laɪk]
wie
→ You can't find apples like these in any shop. – *Äpfel wie diese findet man in keinem Laden.*

of [ɒv]
von
→ You can have one of mine. – *Du kannst eins von mir haben.*

off [ɒf]
ab; weg; ausgeschaltet
→ The glass fell off the table. – *Das Glas fiel vom Tisch.*

with [wɪθ]
mit
→ Would you like to come with us to the cinema? – *Möchtest du mit uns ins Kino gehen?*

without [wɪˈðaʊt]
ohne
→ She left without saying Goodbye. – *Sie ging, ohne sich zu verabschieden.*

WICHTIGE VERBEN

be [biː]
sein
→ He'll be 40 next year. – *Er wird nächstes Jahr 40.*

become [beˈkʌm]
werden
→ What has become of my blue jacket? – *Was ist nur aus meiner blauen Jacke geworden?*

begin [bɪˈgɪn]
anfangen, beginnen
→ He began acting at 20. – *Er fing mit 20 mit der Schauspielerei an.*

bring [brɪŋ]
mitbringen, bringen
→ I could bring a cake. – *Ich könnte einen Kuchen mitbringen.*

come [kʌm]
kommen
→ Are you coming? – *Kommst du?*

do [duː]
tun, machen
→ What can I do? – *Was kann ich tun?*

get [get]
bekommen; holen; kriegen
→ I got this book for Christmas. – *Ich habe dieses Buch zu Weihnachten bekommen.*

have [hæv]
haben
→ They have a garden with lovely old trees. – *Sie haben einen Garten mit schönen, alten Bäumen.*

lay [leɪ]
legen
→ She lay down on the sofa. – *Sie legte sich aufs Sofa.*

let [let]
lassen
→ Let me help you. – *Lassen Sie mich Ihnen helfen.*

like [laɪk]
mögen
→ I like him very much. – *Ich mag ihn sehr.*

make [meɪk]
machen
→ I made sandwiches for the journey. – *Ich habe Brote gemacht für die Reise.*

GLOSSAR

F

G

K

L

M

N

O

P

T

U

V

W

Z

EIGENE NOTIZEN

PONS

Die 1.000 wichtigsten Wörter Englisch
Grundwortschatz

Bearbeitet von: Anette Dralle, Astrid Proctor, Dr. Christiane Wirth

1. Auflage 2018 (1,03 - 2020)

www.pons.de
E-Mail: kundenservice@pons.de

Projektleitung: Ursula Martini
Gestaltung: Petra Michel, Essen
Logoentwurf: Erwin Poell, Heidelberg
Logoüberarbeitung: Sabine Redlin, Ludwigsburg
Druck: Publikum d.o.o.

ISBN 978-3-12-516164-1